DÉFENSE
DES
COLONIES.

V.

APPARITION ET RÉAPPARITION
EN
ANGLETERRE ET EN **ECOSSE**
DES
ESPÈCES COLONIALES SILURIENNES
DE LA
BOHÊME.

D'APRÈS LES DOCUMENTS ANGLAIS LES PLUS AUTHENTIQUES
ET LES PLUS RÉCENTS;

PAR

JOACHIM BARRANDE.

Chez l'auteur et éditeur

à Prague,
Kleinseite Nr. 419, Chotecksgasse.

à Paris,
Rue de l'Odéon, Nr. 22.

25 Novembre 1881.

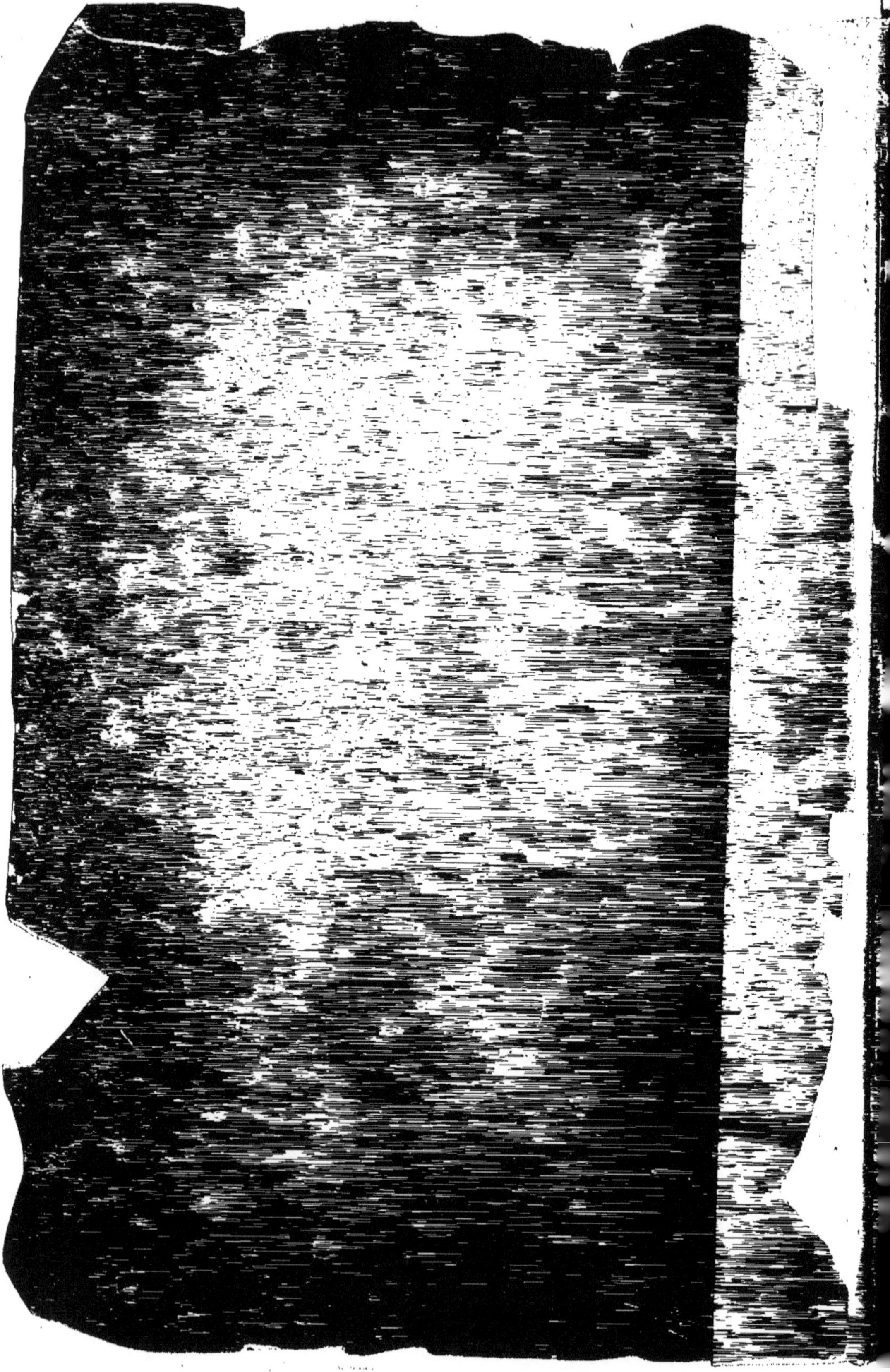

DÉFENSE

DES

COLONIES.

V.

APPARITION ET RÉAPPARITION

EN

ANGLETERRE ET EN ECOSSE

DES

ESPÈCES COLONIALES SILURIENNES

DE LA

BOHÊME.

D'APRÈS LES DOCUMENTS ANGLAIS LES PLUS AUTHENTIQUES
ET LES PLUS RÉCENTS;

PAR

JOACHIM BARRANDE.

Chez l'auteur et éditeur

à Prague,
Kleinseite Nr. 419, Choteksgasse.

à Paris,
Rue de l'Odéon, Nr. 22.

25 Novembre 1881.

Imprimerie de Charles Bellmann à Prague.

Table analytique.

Section D.

Section E.

Section F.

Introduction.

Durant le cours de l'année 1880, une attaque combinée contre nos colonies a éclaté en Angleterre.

Dans la séance de la *Geological Society of London* du 9 Juin, M. John Marr, envoyé en Bohême, en 1879, par M. le Prof. Mac Kenny Hughes de Cambridge, a annoncé, comme résultat de ses observations, que nos colonies ne sont que des lambeaux de notre bande **e 1**, enclavés dans notre bande **d 5**, par l'effet de dislocations. *(On the Predevonian Rocks of Bohemia. — Quart. Journ. of the Geol. Soc., Vol. XXXVI, p. 591, N° 144, Nov. 1880.)*

Parmi les géologues présents à cette séance, cinq ont immédiatement donné leur assentiment aux assertions de M. J. Marr et 2 d'entre eux, allant beaucoup plus loin, ont exprimé des insinuations, tendant à infirmer, en général, la valeur de nos observations stratigraphiques, en Bohême.

Pas une seule voix ne s'est élevée pour faire remarquer, qu'il était peu généreux d'attaquer de cette manière un membre absent, dont les travaux avaient été jusque là tenus en honneur par la société.

Vers la même époque, un géologue Ecossais qui, depuis plus de 10 ans, a cultivé avec beaucoup de zèle et de succès l'étude des Graptolites, M. Charles Lapworth, croyant avoir découvert, dans la distribution verticale de ces fossiles, un moyen infaillible pour établir une minutieuse chronologie géologique, sur les deux continents, s'est empressé d'appliquer sa découverte au bassin silurien de la Bohême.

Cette application ne tend à rien moins qu'à faire évanouir tous les documents, que nous avons publiés sur nos colonies. Nous traduisons le passage, dans lequel M. Lapworth exprime ses succès avec une admirable assurance.

„En présence de ces résultats, l'armée des preuves, qu'on supposait jusqu'ici fournies par les anomalies de la distribution verticale des Graptolites, en faveur des doctrines de la migration et des colonies, s'évanouit en un air subtil. Ces preuves apparentes sont reconnues maintenant comme des apparences trompeuses, dues simplement à des connaissances défectueuses. Dans tous les cas, où le sujet comporte une preuve, nous avons montré, que le *facies* de la faune graptolitique dans chaque subdivision, a été identique, sur toute la surface du monde paléozoique inférieur. Nous n'avons en ce moment aucune preuve quelconque, qui montre qu'un groupe de Graptolites, ou même qu'une espèce unique ou variété, ait fait son apparition dans une région, avant d'apparaître dans une autre; et, par conséquent, le lieu de son origine et la direction de son extension ne peuvent être reconnus en ce moment.“ *(On the geol. Distrib. of the Rhabdophora. — Ann. a. Magaz. of Nat. Hist., Serie 5, Vol. 3. p. 110—111, 1880.)*

Dans son entraînement, M. Ch. Lapworth a oublié de nous dire, par qui *nos colonies ont été reconnues comme des apparences trompeuses . . . &* . . . Mais comme, depuis la publication de notre *Défense des Colonies IV*, en 1870, M. J. Marr a été le seul visiteur, qui nous ait accusé d'erreur dans nos observations stratigraphiques, nous pensons que ses assertions ont été la source unique des convictions subitement écloses dans l'esprit de M. Lapworth.

Nous disons subitement, parce que, sur la *p. 46* de la même publication, M. Lapworth exprime avec beaucoup de mesure l'espoir, qu'on reconnaîtra en Bohême des dislocations, expliquant les colonies et assurant l'application de sa théorie chronologique à notre bassin. Au contraire, suivant le texte cité, ces dislocations étaient déjà *reconnues*, lorsque la *p. 111* a été écrite.

Ces manifestations triomphantes et très inattendues de quelques géologues Anglais nous ont trouvé entièrement plongé dans nos études paléontologiques. Elles n'ont pu, ni les troubler, ni les suspendre. Notre conviction relative à nos colonies est si solidement établie dans notre esprit, par l'étude réfléchie des faits matériels, depuis près de 40 ans, qu'elle est à l'épreuve de toute contradiction quelconque.

Nous avons donc paisiblement continué nos travaux urgents, en nous réservant de reprendre nos publications sur nos colonies, en temps opportun.

Ce temps arrive en ce moment, où nous terminons les travaux, que nous allons publier incessamment sur nos Acéphalés, — Vol. VI, Texte et 361 planches in 4°. — Extrait in 8° avec 10 planches.

Nous allons donc faire marcher de front la préparation de notre *Défense des Colonies, VI*, avec les études que nous ne pouvons discontinuer sur nos Gastéropodes, Echinodermes et Polypiers, pour lesquels nous possédons déjà environ 240 planches, attendant leur complément et leur publication.

Notre *Défense des Colonies, VI*, devant comprendre de nombreuses illustrations, cartes, vues géologiques et sections, l'exécution de ces travaux graphiques exigera quelque temps.

Nous avons récemment fait des visites réitérées à nos localités coloniales et nous avons retrouvé toutes choses en parfaite conformité avec nos anciennes observations. Les dislocations imaginaires, importées de Cambridge, sont retournées à Cambridge par la même voie, sans laisser aucune trace de leur application subjective à nos colonies.

Ainsi, par la publication de notre *Défense des Colonies, VI*, comprenant de nouveaux documents très inattendus, il deviendra évident, que l'honorable M. Ch. Lapworth a simplement fait un rêve, en ce qui concerne nos enclaves coloniales, et que M. J. Marr a exécuté une déplorable expédition en Bohême. Certainement, il n'est pas défendu de faire un rêve anticolonial en Ecosse; mais il n'est pas permis d'employer dans la science les pratiques, que nous nommons par euphémisme: ***Procédés John Marr.*** Nous établissons donc une très grave différence entre nos deux adversaires.

Ajournant la discussion des questions principales, stratigraphiques, relatives à nos colonies, jusqu'au jour où nos documents seront préparés, nous nous proposons aujourd'hui de réfuter l'objection, consistant à dire, que nos espèces coloniales n'ont pas existé dans la faune seconde en Angleterre, ainsi que nous l'avons admis dans notre *Défense des Colonies, IV*, p. 130, 1870.

Nous choisissons ce sujet, parceque les faits, que nous avons à discuter, peuvent être facilement appréciés et vérifiés par nos honorables confrères d'Angleterre.

Nous sommes fier d'avoir le droit d'invoquer cette flatteuse confraternité, depuis que la *Geological Society of London* nous a honoré du titre de *foreign member*, en 1854, sans doute pour quelque motif en notre faveur.

Nous appelons donc, sur les pages qui suivent, la bienveillante attention de nos honorables confrères Anglais, qui cultivent la même science que nous et qui sont animés de la même sincérité.

Nous exposons la question qui nous occupe, en reproduisant d'abord le texte de notre *Défense des Colonies, IV*, p. 130, 1870.

Section A.

„Espèces coloniales de la Bohême, qui se trouvent dans la faune seconde, en Angleterre."

„Nous énumérons, dans le tableau suivant, les espèces de la faune seconde d'Angleterre, qui ont apparu dans nos colonies, comme dans notre faune troisième, tandisqu'elles manquent totalement dans notre faune seconde. Nous indiquons en même temps les divers horizons, sur lesquels leur présence a été signalée dans le tableau de distribution verticale, publié pour la seconde fois en 1867, dans la *Siluria, 3ème édition*, et dans les *Mem. of the Geol. Surv. III, p. 276, 1866*. Nous ajoutons aussi quelques espèces appartenant aux schistes de Coniston, considérés comme faisant partie de la division silurienne inférieure d'Angleterre, par M. M. les Prof. Harkness et Alleyne Nicholson. *(Quart. Journ. Nov. 1866, p. 483. — Nov. 1868, p. 542—543.)*"

Nous constatons en passant que, d'après la notice de Murchison, *p. 507*, précédant le tableau cité, ce travail, originairement composé par Salter, aidé par le Prof. Morris, en 1859, a reçu des additions et corrections, principalement faites par M. Etheridge, assisté par MM. les Prof. Morris et Rupert Jones. La révision de M. Davidson, pour les Brachiopodes, du Doct. Duncan pour les Polypiers, de M. Carruthers pour les Graptolites et de M. Henri Woodward pour les Euryptérides, est aussi mentionnée dans la même notice.

Nous avons donc dû admettre, avec une complète sécurité, dans le tableau qui suit, les faits constatés par de si respectables autorités.

	Espèces d'Angleterre			Faunes siluriennes seconde Llandeilo	Faunes siluriennes seconde Caradoc ou Bala	Faunes siluriennes seconde Llandovery inférieur	Faunes siluriennes troisième Wenlock et May-Hill	Faunes siluriennes troisième Ludlow	Colonies de Bohême
1.	Cheirurus Cheir.	insignis bimucronatus	Beyr. Murch sp.	.	+	+	+	.	Zippe
2.	Sphaerexochus	mirus	Beyr.	.	+	+?	+	.	Zippe
3.	Atrypa	reticularis	Linn.	.	.	+	+	+	Zippe-Krejčí. d'Archiac.
4.	Strophom. (Lept.)	euglypha	Dalm.	.	.	+	+	+	Zippe
5.	Cardiola	interrupta	Sow.	.	Coniston	.	+	+	Krejčí. d'Archiac . . & . .
6.	Graptolithus	Becki	Barr.	+	.	.	.	.	Haidinger
7.	Grapt.	Nilssoni	Barr.	+	.	.	.	.	Haidinger
8.	Grapt.	priodon	Bronn.	.	+	+	+	+	Krejčí. d'Archiac . . & . .
9.	Rastrites	peregrinus	Barr.	+	.	.	.	.	Haidinger
10.	Grapt.	Bohemicus	Barr.	.	Coniston	.	.	.	Haidinger
11.	Grapt.	colonus	Barr.	.	Coniston	.	.	.	Haidinger
12.	Grapt.	Roemeri	Barr.	.	Coniston	.	.	.	Krejčí

L'horizon de Coniston, cité sur ce tableau, est considéré comme représentant celui de Caradoc = Bala.

„Le nombre de ces espèces n'est pas très considérable en lui-même, mais il est cependant très notable dans cette circonstance, si on le compare, d'un côté, au nombre d'environ 57 espèces, reconnues comme identiques en Bohême et en Angleterre (*Déf. III*, p. 175, 1865) et d'un autre côté, au chiffre relativement limité des formes, qui constituent notre faune coloniale, par rapport aux 2000? espèces de notre faune troisième."

„Remarquons, que les espèces citées se reproduisent presque toutes dans la faune troisième d'Angleterre et qu'elles existent toutes, sans exception, dans la faune troisième de Bohême. Par conséquent, elles jouent le même rôle d'avant-coureurs, dans les 2 contrées comparées."

„Cette circonstance tendrait à nous faire concevoir, que les 12 espèces considérées auraient pu dériver d'un centre commun de diffusion, pour se diriger, d'un côté vers l'Angleterre et de l'autre côté vers la Bohême, durant l'existence de la faune seconde. Aucun fait connu jusqu'à ce jour ne peut nous indiquer la position de ce centre primitif. Mais, la distance entre ces 2 régions est assez considérable, pour qu'on puisse admettre son existence sans hésitation."

„Dans tous les cas, quelle que soit l'origine des 12 espèces énumérées sur notre tableau, puisqu'elles se trouvent dans la faune seconde en Angleterre, il est évident qu'elles ont pu apparaître semblalement en Bohême, durant l'existence de la faune correspondante. Ainsi, leur présence dans nos colonies est un fait normal, qui pouvait être attendu, par le seul effet de la diffusion habituelle des espèces."

„Nous avons encore à mentionner un autre fait, qui se rattache naturellement au précédent. Il consiste en ce que, suivant M. le Prof. Kjérulf, 2 espèces citées dans le tableau précédent, savoir: *Strophom. (Lept.) euglypha* et *Atrypa reticularis* coexistent en Norwége avec *Trinucleus Wahlenbergi* Rou. *(Veiviser i Christiania, p. 19—20, 1865.)*"

„Nous rappelons, que les 2 mêmes espèces de Brachiopodes coexistent dans notre colonie Zippe avec *Trinucleus ornatus.*"

„Par conséquent, si le fait établi par M. le Prof. Kjérulf est considéré comme naturel en Norwége, on ne voit pas pourquoi le fait analogue ne paraîtrait pas aussi naturel en Bohême.“ *(l. c. p.* 131—132.)

Sur la page suivante 133, nous exposons dans un tableau les *Espèces de la faune troisième de Bohême, qui ont antérieurement existé dans la faune seconde d'Angleterre.*

Les faits constatés sur ce tableau n'ayant pas été révoqués en doute par M. J. Marr, nous nous dispensons de les confirmer. Nous nous bornons à exposer comme il suit, les observations de cet adversaire contre nos espèces coloniales, énumérées sur le tableau qui précède.

Nous séparons ces 12 espèces en 2 catégories.

Première Catégorie:

Espèces diverses, non graptolitiques.

N° 1 de notre tableau (p. 6). } *Cheirurus insignis* . . Beyr. = *Cheir. bimucronatus* Murchis. sp.

Cette identité est admise par M. J. Marr.

N° 2 de notre tableau (p. 6). } *Sphaerexochus mirus* Beyr.

M. Marr affirme, que tous les spécimens de Balà, rapportés à cette espèce et observés par M. Tornqvist, représentent *Sphaerex. angustifrons* Ang. *(l. c. p. 606.)*

Nous ne discutons pas cette divergence d'opinion entre M. Tornqvist et feu Salter, faute des documents nécessaires. Nous ajoutons que, d'après le texte de M. J. Marr, rien ne prouve que M. Tornqvist ait eu sous les yeux les spécimens originaux de Salter.

N° 5 de notre tableau (p. 6).	*Cardiola interrupta* Sow.

Au sujet de cette espèce, M. Marr s'exprime singulièrement, comme il suit:

„*Cardiola interrupta* de Bala et de Coniston; ceci était lorsque les Prof. Harkness et Nicholson considéraient les Coniston Flags comme étant Bala.“

Il n'ajoute aucun mot de plus, sur cette espèce très importante.

Mais M. Marr fait abstraction du texte de la *Siluria*, constatant la présence de *Card. interrupta* dans la contrée typique du Caradoc. — *3ème édition, p. 127.*

Aujurd'hui, l'extension verticale de *Cardiola interrupta*, dans les régions typiques siluriennes, est constatée par des documents, que nous exposons *in-extenso* dans notre Vol. VI, *Acéphalés*, p. 46 in 4° et dans notre Extrait in 8°, p. 72, qui vont être publiés.

D'après ces documents, *Card. interrupta* existe, non seulement dans Caradoc ou Bala, dans la région typique d'Angleterre, suivant les anciennes indications de la *Siluria*, mais elle a été découverte sur un horizon inférieur, dans l'étage de Llandeilo.

Ce fait, longtemps inconnu, repose sur le témoignage de M. le Président R. Etheridge, qui l'a constaté dans son *Discours anniversaire* du 18 Février 1881. *(Quart. Journ., Vol. XXXVII, Part 2, p. 117, N° 146, May.)*

Ainsi, notre assertion au sujet de *Card. interrupta* est non seulement confirmée, mais elle est encore étendue verticalement au-dessous des limites, que nous avons supposées en 1870.

N° 3 et 4 de notre tableau (p. 6).	*Atrypa reticularis* . . . . . Linn. sp. *Strophom. (Lept.) euglypha* Dalm.

Au sujet de ces 2 espèces, M. Marr se borne à faire observer, qu'elles appartiennent à l'étage de Llandovery.

C'est précisément ce qu'indique notre tableau.

Nous allons constater la position de cet horizon dans la série verticale d'Angleterre, d'après les documents récents, qui émanent de l'autorité la plus compétente, c. à d. de M. le Président Etheridge.

Quant aux 7 espèces de Graptolites, citées dans notre tableau ci-dessus, M. Marr n'en fait aucune mention.

Sur les pages qui suivent, nous allons suppléer à ce silence calculé.

En somme, les observations qui précèdent, n'expriment qu'une seule objection de M. Marr, contre l'exactitude des faits que nous avons invoqués en 1870. Elle est relative à l'identité de *Sphaerexochus mirus*, admise d'après Salter. Mais, en vertu de cette unique objection, M. Marr exprime sans hésitation la conclusion générale, que nous traduisons, *l. c. p. 606*. C'est un premier exemple des *Procédés John Marr*.

„Par conséquent, la faune des colonies ne se trouve nullement dans les roches du Cambrien supérieur du Nord de l'Europe; au contraire, elle se présente à la base du silurien et ainsi elle ne peut pas avoir émigré du Nord-Ouest. En réalité, il n'y a aucune localité connue, dans laquelle cette faune ne caractérise pas la base du silurien. Les mêmes formes de Graptolites se trouvent en Sardaigne et ont été figurées par Meneghini; mais leur horizon est malheureusement inconnu."

En lisant ce passage, on doit d'abord s'étonner de l'extrême hardiesse, avec laquelle M. J. Marr formule des conclusions générales contre notre faune coloniale, sans avoir démontré l'inexactitude d'aucun des faits, que nous avons affirmés et qui restent acquis à la science, en réservant la question de *Sphaerex. mirus.*

Il est encore plus important de remarquer, que, par l'emploi des termes *cambrien supérieur* et *silurien*, M. J. Marr défigure la question, car nous n'avons employé que les termes sans équivoque, *faune seconde* et *faune troisième.*

Ces termes, indépendants de toutes les nomenclatures rivales, ne sont point les équivalents des termes de *cambrien supérieur* et *silurien*, que leur substitue M. Marr.

Cette substitution, sans avertissement indispensable, pourrait être nommée un tour de nomenclature. Elle ne peut manquer de faire illusion à beaucoup de savants, qui ne sont pas sur leurs gardes et les induire dans une grave erreur au détriment de la vérité.

Nous rétablissons donc avant tout la question dans nos termes primitifs, les seuls qui doivent être employés dans la discussion.

Il s'agit de savoir, si les espèces citées dans notre *Défense des Colonies, IV, p. 131,* se trouvent réellement dans la faune seconde en Angleterre, ou seulement sur un horizon plus élevé, dans la faune troisième.

Cette question ne devrait s'appliquer qu'aux 2 espèces de notre tableau :

N° 3. *Atrypa reticularis* . . . . Linné sp.
N° 4. *Strophom. (Lept.) euglypha* Dalm. sp.

puisque les 3 autres espèces citées se trouvent sans contestation dans Caradoc ou dans Llandeilo. Mais, la conclusion de M. J. Marr est formulée de telle sorte, qu'elle semble s'étendre à toutes les espèces de notre tableau.

Cette question, relative aux espèces qui appartiennent à l'horizon de Llandovery, est magistralement résolue par les documents qui suivent et que nous pouvons considérer comme des documents officiels dans la science. En effet, ils représentent les résultats des recherches successives du *Geological Survey* d'Angleterre; résultats coordonnés et mis en lumière par M. le Présid. Etheridge, dans son Discours anniversaire du 18 Février 1881.

Section B.

Horizon occupé par les faunes des deux subdivisions de Llandovery, dans la série systématique des faunes siluriennes.

1. Llandovery inférieur.

Sur les *p. 148 à 150* de son discours, M. Etheridge passe en revue toutes les classes et ordres des fossiles, qui composent la faune de cette subdivision. Il constate ainsi par des chiffres, que cette faune partielle présente une proportion inattendue d'espèces, qui avaient déjà préexisté dans la faune de Caradoc = Bala. Nous reproduisons dans le tableau qui suit, les chiffres qui se rapportent aux classes principales, représentées dans le Llandovery inférieur, abstraction faite des classes moins importantes, c. à d. jouant un rôle secondaire.

Classes	Nombre total des espèces du Lower Llandovery	Nombre des espèces provenant de Caradoc
Actinozoa	26	20
Crustacea	25	18
Brachiopoda	59	35
Gasteropoda	13	10
Cephalopoda	8	7
Conchifera (Acéphalés) . . .	3	2
Totaux . . .	134	92

Proportion des espèces du Llandovery inférieur, provenant du Caradoc = $\frac{92}{134}$ = 0.686.

Cette proportion, dépassant les $\frac{2}{3}$ des espèces du Llandovery inférieur, établit une connexion rarement existante entre deux faunes consécutives, dans la série verticale silurienne.

Mais, nous devons encore faire remarquer que, parmi les Crustacés du Llandovery inférieur, il se trouve une espèce, d'une importance extraordinaire, à cause de sa nature générique, savoir: *Trinucleus concentricus. (l. c. p. 148 et p. 155.)*

Tous les paléontologues savent, que *Trinucleus* est, comme *Asaphus*, un type exclusivement caractéristique de la faune seconde, dans toutes les contrées siluriennes d'Europe.

D'après ces documents, qui n'exigent ni commentaires, ni explications, chacun de nos lecteurs reconnaîtra, que la faune du Llandovery inférieur est si intimément liée à la faune du Caradoc = Bala, qu'il serait irrationnel de les séparer, en les incorporant dans des divisions générales différentes, dans la série silurienne.

D'ailleurs, M. le Présid[t] Etheridge s'est chargé lui-même de déterminer exactement ces connexions, par les termes suivants, qu'il emploie sur la *p. 149*:

„*Le Llandovery inférieur, le membre le plus élevé de la formation de Bala, possède . . . & . . .*"

En traduisant ces documents suivant notre nomenclature habituelle, nous sommes donc en droit de dire:

La faune du Llandovery inférieur, constituée principalement par des éléments caractéristiques de l'étage de Caradoc, fait partie de la grande faune seconde silurienne.

Ainsi, les 2 espèces: *Atrypa reticularis* et *Strophom. euglypha*, qui ont donné lieu à cette reproduction des documents relatifs au Llandovery inférieur, appartiennent réellement à la faune seconde en Angleterre, comme les 3 autres espèces précédentes de notre tableau:

1. { Cheirurus insignis . . Beyr.
   = Cheir. bimucronatus Murch. sp.

2. Sphaerexochus mirus . . . Beyr.

5. Cardiola interrupta . . Sow.

En d'autres termes, nous avons le droit de continuer à considérer comme exactes, nos observations, publiées en 1870, et constatant la présence de ces 5 espèces dans la faune seconde d'Angleterre, comme dans nos colonies.

Il nous reste maintenant à rappeler les documents, par lesquels il est constaté, que les 5 espèces en question, après avoir fait leur première apparition dans la faune seconde d'Angleterre, ont reparu sur divers horizons dans la faune troisième. Nous extrayons ces documents du tableau général de la distribution verticale des espèces siluriennes, exposée dans la *Siluria, 3rd Edit., 1867.*

	Primordial Silurian	Llandeilo	Caradoc	Llandovery	Wenlock	Ludlow	Passage beds
1. { Cheirurus insignis . . . . Beyr. / = Cheir. bimucronatus . . Murch. }	.	.	+	+	+	.	.
2. Sphaerexochus mirus . . . . . Beyr.	.	.	+	+?	+	.	.
3. Atrypa reticularis . . . . Linné.	.	.	.	+	+	+	.
4. Strophomena euglypha . . . . Dalm.	.	.	.	+	+	+	.
5. Cardiola interrupta . . . . Sow.	.	+	+	.	+	+	.

On remarquera que, pour *Cardiola interrupta,* nous indiquons l'horizon de Llandeilo, d'après les documents publiés par M. le Présid. Etheridge, dans son Discours anniversaire, 1881, voir ci-dessus p. 9.

Comme conclusion de cette discussion, nous pouvons dire en toute sécurité:

Les espèces, qui nous occupent, ont fait leur première apparition dans la faune seconde et leur réapparition dans la faune troisième, en Angleterre.

Cette apparition et cette réapparition sont en parfaite harmonie avec les faits semblables, que nous observons en Bohême et avec notre doctrine des colonies.

Reste la question des Graptolites, passée sous silence par M. Marr et que nous allons discuter séparément, après avoir jeté un coup d'oeil sur la faune du Llandovery supérieur.

2. Llandovery supérieur.

Nous devons appeler l'attention sur la position du Llandovery supérieur, dans la série silurienne, en Angleterre.

Pendant longues années, c. à d. depuis la publication des *Memoirs of the Geol. Survey III*, en 1866, jusqu'à celle du Discours anniversaire prononcé par M. le Présid. Etheridge, le 18 Février 1881, nous avons été, comme la plupart des géologues, dans l'opinion, qu'on pouvait tracer une limite naturelle, quoique un peu arbitraire, entre le Llandovery inférieur et le Llandovery supérieur, pour séparer les grandes faunes seconde et troisième, en Angleterre.

Cette opinion se fondait, avec beaucoup de vraisemblance, sur les documents présentés par Salter, au nom du *Geol. Survey* dans le *Vol. III*, que nous venons de citer.

En effet, en étudiant ces documents, on trouve, sur les *p. 231* et *276*, les principaux fossiles du Llandovery inférieur. On remarque avant tout parmi eux le grand nombre d'espèces communes entre cet étage et le Caradoc. On reconnaît aussi la présence de *Trinucleus concentricus*, dans le Llandovery inférieur.

Au contraire, le tableau *p. 359*, présentant une semblable série d'espèces, qui caractérisent le Llandovery supérieur, nous montre des connexions beaucoup moins prononcées avec la faune du Caradoc. On cherche en vain, parmi les Trilobites, un survivant du genre *Trinucleus*. A cette époque, il paraît que l'existence de ce genre dans le Llandovery supérieur, était complétement ignorée.

L'importance de ces contrastes entre les faunes partielles du Llandovery inférieur et du Llandovery supérieur est grandement augmentée par l'existence d'une discordance stratigraphique bien constatée, entre ces 2 subdivisions de la série verticale.

Tels sont les motifs qui ont dû dominer dans notre esprit et qui nous ont entraîné à nous exprimer dans les termes qui suivent, devant le congrès international de géologie, réuni à Paris en 1878:

„Maintenant tous ceux qui ont lu la *Siluria* de Murchison, savent qu'au-dessus de ces faunes (primordiale et seconde), considérées dans leur ensemble, il y a un groupe divisé en 2 parties, qu'on appelle Llandovery inférieur et Llandovery supérieur. Ce groupe ayant été bien étudié, on a reconnu que, dans sa partie inférieure, il contient principalement des espèces de la faune seconde, tandisque, dans sa partie supérieure, il renferme des espèces de la faune troisième en majorité."

„Avant moi, divers géologues ont déjà dit, qu'on pouvait admettre comme limite entre les faunes seconde et troisième, l'horizon qui sépare les 2 subdivisions du groupe de Llandovery."

„Cette ligne de séparation me semble très convenable." *(Comptes-rendus sténograph. du Congrès internat. de géologie, p. 104.)*

Aujourd'hui, nous ne pouvons plus soutenir cette opinion, parceque la lumière vient de se faire dans la science, par les documents exposés dans le Discours anniversaire de M. le Présid. Etheridge, 18 Février 1881.

Nous nous bornons à citer quelques passages de ce discours, qui nous montrent, d'une manière très distincte, la véritable nature de la faune du Llandovery supérieur et ses connexions jusqu'ici imparfaitement appréciées avec la faune du Llandovery inférieur et par conséquent aussi avec la faune du Caradoc.

Sur la *p. 151* nous lisons:

„En considérant la connexion intime entre les faunes du Llandovery supérieur et celles du Llandovery inférieur, nous sommes induit à *supposer, que le temps durant lequel s'est opérée la discordance stratigraphique qui les sépare, n'a pas été d'une durée assez longue pour causer, soit l'extinction, soit la migration de la faune la plus ancienne, soit l'introduction d'une faune nouvelle.*"

Pour montrer l'importance de cette considération, M. Etheridge la fait remarquer comme nous par des caractères italiques; puis il continue, comme il suit:

„Seulement 4 genres nouveaux semblent avoir apparu; car nous avons vu que le Llandovery inférieur a transmis au Llandovery supérieur 45 genres et 104 espèces de sa faune, composée de 68 genres et 204 espèces."

Sur la *p. 152*, le même savant ajoute:

„Nous sommes étonné de reconnaitre que, parmi les 261 espèces connues, dans le Llandovery supérieur, 136 seulement constituent réellement sa faune. Le fait de la présence de 104 espèces provenant du Llandovery inférieur suffit pour unir ces deux formations en une seule, c. à d. en *un groupe silurien moyen*, en abolissant les termes *inférieur* et *supérieur.*"

Plus loin, sur la *p. 155*, M. Etheridge, passant en revue toutes les classes ou ordres de fossiles du Llandovery supérieur, constate parmi ses Crustacés la présence de 10 espèces de Trilobites, qui avaient préexisté dans le Caradoc et dans le Llandovery inférieur.

Au nombre de ces espèces, se trouve encore *Trinucleus concentricus*, sur lequel nous appelons l'attention.

M. Etheridge fait remarquer à cette occasion, que les Crustacés rendent encore plus *questionnable* la valeur du Llandovery supérieur, comme groupe paléontologique distinct.

D'après ces faits, et malgré la discordance stratigraphique qui sépare les 2 subdivisions du Llandovery, dans la région typique, M. Etheridge propose de les réunir en une seule, ainsi que nous venons de le constater, sous le nom de *groupe silurien moyen*.

Il nous semble que ce savant avait dit plus heureusement auparavant:

„Le Llandovery inférieur, le membre le plus élevé de la formation de Bala“ . . & . .

Nous ajoutons, que nous ne connaissons aucun motif suffisant pour séparer ce membre de son corps principal.

En somme, malgré la discordance stratigraphique entre les 2 subdivisions du Llandovery, il est évident que les connexions paléontologiques du Llandovery supérieur rattachent sa faune à celle du Llandovery inférieur et du Caradoc, c. à d. à la faune seconde, plus intimément qu'au groupe de Wenlock, qui est superposé, c. à d. à la faune troisième.

D'après cette considération prédominante à nos yeux, et sans rétablir un silurien moyen, qui ne s'est pas maintenu et qui serait un nouvel embarras dans la nomenclature, il nous semble que la combinaison la plus simple, pour établir l'uniformité entre la série silurienne d'Angleterre et la série correspondante dans la plupart des contrées, serait d'incorporer les 2 subdivisions du groupe de Llandovery à la division du silurien inférieur de Murchison, c. à d. à la faune seconde.

Par cette combinaison, la nomenclature générale serait simplifiée et elle aurait surtout le grand avantage d'être débarrassée des erreurs inévitables, qui résultent de l'emploi des termes: *cambrien supérieur* = *ordovician.*

En effet, sous chacun de ces noms, on admet également une faune seconde tronquée au sommet et pour ainsi dire décapitée.

On place au-dessus un système *(pseudo-) Silurien*, renfermant, il est vrai, la faune troisième dans sa partie supérieure, mais traînant à sa base un lambeau hétérogène, arraché au sommet de la faune seconde.

Une semblable nomenclature, présentant des divisions principales, stratigraphiques, en discordance avec les grandes faunes, est évidemment en arrière des progrès de la science actuelle.

En effet, cette nomenclature est en pleine contradiction avec la tendance générale et très prononcée de la géologie, qui s'efforce aujourd'hui de déterminer chaque zone stratigraphique par un groupe d'espèces, ou même par une espèce unique.

Cette tendance a été poussée jusqu'à sa limite extrême par M. Lapworth, qui nous enseigne que, „parmi les Graptolites, aucune espèce, ni même aucune variété n'a apparu dans une contrée, avant d'apparaître dans une autre.“ (Voir ci-dessus, p. 2.)

Nous rappelons que ce savant, dans le remarquable mémoire, destiné à établir sa nomenclature avec le système Ordovicien et le système *(pseudo)*-Silurien, a écrit des passages très bien pensés, sur l'indépendance des 3 grandes faunes siluriennes, en reconnaissant la grande utilité qu'elles présentent pour la

Section C.

Seconde Catégorie.

Graptolites coloniaux de Bohême, qui existent en Angleterre et en Ecosse.

1870. Dans notre *Défense des Colonies, IV*, p. 131, nous avons admis, que les 7 espèces suivantes, existant dans nos colonies en Bohême, se trouvaient aussi en Angleterre, dans la faune seconde.

En reproduisant leurs noms, nous citons les autorités, auxquelles nous avons emprunté nos documents.

Espèces	Horizon indiqué en Angleterre	Auteurs
1. Graptol. Becki . . . Barr.	Llandeilo .	Siluria 3rd edit., . . . 1867, p. 523
2. Grapt. Nilssoni . . Barr.	Llandeilo .	Siluria { 2d edit., Salter, 1859, p. 542 3rd edit., . . . 1867, p. 523 }
3. Grapt. priodon . Bronn. = Gr. Ludensis (Sil. Syst.)	Caradoc . Llandovery Wenlock . Ludlow .	Siluria { 2d edit., Salter, 1859, p. 542 3rd edit., . . . 1867, p. 523 } Salter, Mem. geol. Surv. III, p. 276, 1866
4. Rastrites peregrinus Barr.	Llandeilo .	Siluria { 2d edit., Salter, 1859, p. 542 3rd edit., . . . 1867, p. 524 }
5. Grapt. Bohemicus . Barr. 6. Grapt. colonus . . Barr. 7. Grapt. Roemeri . Barr.	Coniston . supposé = Bala	MM. les Prof. Harkness et All. Nicholson, Quart. Journ. November 1866, p. 483.

Nous rappelons que, sur la p. 5 qui précède, nous avons cité une notice de Murchison, en tête du tableau de distribution de la troisième édition de la *Siluria*, notice dans laquelle il est constaté que M. Carruthers a revu les Graptolites. Ce savant a aussi contribué à illustrer cette édition, par une notice très instructive sur cette famille, *p. 538, Appendix.*

Ainsi, lorsque nous avons admis, dans notre *Défense des Colonies, IV*, p. 131, que les 7 espèces dont les noms précèdent, existaient en Angleterre, dans les étages de la faune seconde, nos croyances étaient fondées sur les autorités les plus respectables.

Malheureusement, il y a eu des illusions dans les déterminations spécifiques des savants Anglais, que nous avons adoptées. En d'autres termes plus courtois, la connaissance des Graptolites a fait des progrès en Angleterre, depuis 1870.

Le résultat très inattendu de ces progrès consiste en ce que, parmi les 7 espèces de Graptolites, que nous venons de rappeler, plusieurs ne se trouvent plus dans la faune seconde, tandisque l'horizon de quelques autres est changé dans la faune seconde ou transféré dans la faune troisième. Nous présentons, pour chacune de ces espèces, les documents les plus récents à notre connaissance. La plupart nous sont offerts par M. Lapworth dans sa *Distribution of the Rhabdophora*, 1880.

	Espèce		
1.	Graptolit. Becki . . Barr.	selon M. Lapworth, ne se trouve pas dans Llandeilo, mais existe dans Upper-Birkhill = Lower Llandovery	**Faune seconde.**
2.	Grapt. Nilssoni . Barr.	selon M. Lapworth, ne se trouve pas dans Llandeilo, mais seulement dans Lower Ludlow	**Faune troisième.**
3.	Grapt. priodon . Bronn.	n'existe pas dans Caradoc. Selon M. Lapworth, il se trouve seulement dans le groupe de Gala = Tarannon .	**Faune troisième.**
		selon M. Nicholson, il se trouve dans le Llandovery inférieur; selon le catalogue de l'Ecole des Mines Llandovery supérieur	**Faune seconde.**
4.	Grapt. Bohemicus Barr.	ont été transférés, avec les schistes dits *Coniston Flags*, de la faune seconde dans la	**Faune troisième.**
5.	Grapt. colonus . Barr.		
6.	Grapt. Roemeri . Barr.		
7.	Rastrites peregrinus Barr.	selon M. Lapworth, ne se trouve pas dans Llandeilo, mais existe dans les schistes dits *Coniston Mudstones* et Upper-Birkhill = Lower Llandovery	**Faune seconde.**

Au moment où la présente publication va passer sous la presse, nous trouvons dans le *Geol. Magazine* pour *November 1881, p. 518—519*, un tableau publié par M. G. R. Vine, et destiné à comparer la distribution verticale des Graptolites avec celle des *Polyzoa* fossiles.

Ce travail présente une garantie semi-officielle, parcequ'il constitue le Second Rapport du Comité composé de M. le Prof. Duncan et de M. G. R. Vine, pour examiner les *Polyzoa* fossiles.

Dans son tableau, M. Vine reproduit, au sujet de *Grapt. priodon*, les indications données par M. Nicholson et par le catalogue de l'Ecole des Mines, en contradiction avec le tableau publié par M. Lapworth, en 1880, dans l'ouvrage que nous venons de citer: *Distribution . . . &* . . .

En présence de ces assertions contradictoires, il est difficile pour nous d'avoir une complète sécurité, pour quelques détails. Mais, pour l'ensemble des faits, nous croyons pouvoir nous en rapporter à l'exactitude de M. Ch. Lapworth.

D'après les documents fournis par ce savant, nous allons exposer le fait remarquable, consistant en ce que, en Ecosse comme en Angleterre, il existe un groupe d'espèces coloniales de Bohême, qui ont fait leur première apparition dans la faune seconde et leur réapparition dans la faune troisième. Elles sont mêlées et coexistantes avec d'autres formes graptolitiques, qui n'existent pas dans notre bassin.

Dans ce groupe, nous retrouvons plusieurs des espèces de notre tableau, publié dans notre *Défense des Colonies*, *IV*, 1870.

Considérons d'abord l'Ecosse, théâtre principal des recherches de M. Lapworth.

Ce savant signale la présence des espèces graptolitiques coloniales de Bohême sur 2 horizons principaux.

Parmi ces 2 horizons, celui qui occupe la position relativement inférieure dans la série verticale, a été nommé, *Schistes de Birkhill*, par M. Lapworth. Ces schistes sont placés au sommet de la grande série de Moffat, si bien illustrée en 1878, par le même investigateur.

Le second horizon, immédiatement au-dessus du premier, a été nommé par M. Lapworth, groupe de Gala, en 1870.

Nous allons étudier séparément chacun de ces horizons, pour constater parmi leurs Graptolites la présence d'une série d'espèces coloniales de la Bohême, reconnues par M. Lapworth.

Nous adoptons toutes les assimilations spécifiques, admises par le savant Ecossais, sans avoir eu l'occasion de les vérifier sur des spécimens d'Ecosse.

Nous suivons l'ordre de superposition des 2 groupes, en commençant par le groupe inférieur des schistes de Birkhill.

Schistes de Birkhill.

Nous présentons, dans le tableau qui suit, 3 listes des Graptolites de ces schistes, successivement publiées par M. Lapworth. Elles exposent les noms d'une série d'espèces, la plupart coloniales, de la Bohême.

Ces listes se rapportent aux années 1878 et 1880. Elles constatent donc l'état des connaissances de M. Lapworth à 2 années d'intervalle.

Les 3 colonnes au sommet du tableau donnent lieu aux observations suivantes.

1. Nous n'avons pas reproduit les noms de toutes les espèces des schistes de Birkhill, qui se trouvent sur les tableaux correspondants de M. Lapworth. Elles sont au nombre de 48 sur son tableau le plus récent, *1880, p. 69—70.* Nous citons seulement les espèces de Bohême, reconnues par ce savant.

Graptolites de Bohême, dans les schistes de Birkhill — Ecosse.

1878. The Moffat Series. (*Quart. Journ. Geol. Soc., May.*) *p. 328.*			**1880.** *Geol. Distribut. of the Rhabdophora, p. 40—41.*			**1880.** *Geol. Distribut. of the Rhabdophora. Tabl. VII, p. 69—70.*
	Inférieur	Supérieur		Inférieur	Supérieur	
. . . .	.	.	1. *Rastrites fugax* Barr.	.	+	1. *Rastrites fugax* . Barr.
1. Rastrites peregrinus Barr.	+	+	2. R. peregrinus Barr.	+	+	2. R. peregrinus Barr.
2. Monograptus Becki . Barr.	.	+	. . . .	.	.	3. Monograptus Becki . . Barr.
3. *M. Halli* . Barr.	.	+	3. Monograptus *Halli* . Barr.	.	+	. . . .
4. M. Proteus Barr.	.	+	. . . .	.	.	4. M. Proteus? . Barr.
5. M. {Sedgwicki Portl. / spinigerus Nich.}	.	+	4. M. Sedgwicki Portl.	.	+	5. M. Sedgwicki Portl.
6. M. spiralis Gein.	+	.	5. M. spiralis Gein.	+	+	6. M. spiralis . Gein.
7. M. turriculatus Barr.	.	+	. . . .	.	.	7. M. turriculatus Barr.
8. Diplograptus {folium His. / = palmeus Barr. / = ovatus Barr.}	+	+	6. Diplograptus folium His.	+	.	8. Diplograptus folium . His.
. . . .	.	.	7. Dipl. palmeus Barr.	.	+	9. D. palmeus . Barr.
. . . .	.	.	8. Climacograptus tectus? Barr.	.	+	10. Climacograptus *tectus* . Barr.
	3	7		3	7	

	Graptolites de Bohême dans le groupe de Llandovery inférieur du Cardigan. **1881.** *Keeping — Centr. Wales. (Quart. Journ. XXXVII, p. 170).*	**Graptolites de Bohême dans les schistes de Coniston (Mudstones) = Llandovery, de Skellgill — région des Lacs.** **1880.** *Geol. Distrib. of the Rhabdophora, p. 39—40.*
	1. Rastrites peregrinus Barr.	1. Rastrites peregrinus Barr.
	2. Monograptus Sedgwicki Portl.	2. Monograptus {lobiferus M'Coy. / = Becki . Barr.}
	3. M. spinigerus Nich.	3. *M. Halli Var.* Barr.
	4. M. spiralis . Gein.	4. M. Sedgwicki Portl.
	5. M. turriculatus Barr.	5. M. spiralis Gein.
	6. Diplograptus palmeus . Barr.	6. Diplograptus folium . . His.

2. Ces espèces se divisent en 2 catégories :

a. Les espèces coloniales sont indiquées par les caractères ordinaires.

Nous considérons comme espèces coloniales, celles qui ont été énumérées en 1870, dans notre *Défense des Colonies, IV*, p. 125. Nous ajoutons cependant les 2 espèces *Monograptus turriculatus* et *Retiolites Geinitzianus*, qui existent réellement dans les colonies, mais qui n'ont pas été portées sur le tableau cité en 1870.

b. Les espèces, qui ne se trouvent pas dans nos colonies, sont indiquées par des caractères italiques.

3. Sous le rapport de la concordance, il y a quelques différences entre les 3 listes.

Rastrites fugax manque sur la première liste à gauche et se trouve sur les 2 autres.

Monogr. Becki est énuméré sur les 2 listes extrêmes et manque sur la liste médiane.

Monogr. Halli, qui figure sur les 2 premières listes, manque sur la troisième, à droite.

Monogr. Proteus manque dans la liste médiane.

Il en est de même de *M. turriculatus*, qui est énuméré sur les 2 listes extrêmes.

Climacograptus tectus n'apparaît pas sur la première liste à gauche.

Ces différences nous paraissent peu importantes et nous pensons, que chacune d'elles est en connexion avec un progrès dans les études de M. Ch. Lapworth.

4. Les nombres des espèces dans les 3 listes ne sont pas absolument identiques.

5. En somme, d'après la liste de 1880, placée à la droite de notre tableau et qui est à la fois la plus récente et la plus complète, nous voyons, que les schistes de Birkhill renferment, selon M. Lapworth, 10 de nos espèces, parmi lesquelles 8 ont apparu d'abord dans nos colonies et ont ensuite reparu dans notre bande **e1.**

Rastrites fugax n'a apparu que dans notre bande **e1,** avec les 8 espèces coloniales mentionnées.

Climacograptus tectus appartient aux schistes de notre bande **d5,** c. à d. à notre faune seconde. Il n'est connu, ni dans nos colonies, ni dans notre bande **e1.**

6. Nous venons de constater, sur la p. 24, qui précède, que le nombre total des espèces graptolitiques, reconnues par M. Lapworth dans les schistes de Birkhill, sur son tableau *p. 69—70,* s'élève à 48, y compris les 10 espèces de la Bohême, que nous venons de citer.

Ainsi ces 10 espèces constituent la proportion de $\frac{10}{48}$ = 0.21, dans la faune graptolitique des schistes de Birkhill.

Cette proportion entre des faunes, situées dans des contrées géographiquement très espacées, est digne d'attention.

Horizon assigné par M. Lapworth aux schistes de Birkhill, dans la série systématique silurienne, en Angleterre.

La question très importante de cet horizon a été heureusement résolue par M. Lapworth, dès 1878, dans son remarquable mémoire intitulé: *The Moffat Series. (Quart. Journ. Geol. Soc., May.)*

En effet, nous lisons sur la *p. 338* de cette publication, parmi les conclusions générales, relatives à l'âge . . . & . . . celle qui suit:

„**3.** A l'avenir, les schistes de Glenkiln doivent être considérés comme les équivalents de la division la plus élevée de la formation de Llandeilo, dans la *Siluria*;

„les schistes de Hartfell, comme les représentants affaiblis de la formation de Bala ou Caradoc;

„et les schistes de Birkhill, comme occupant la place du Llandovery inférieur.“

A l'époque de 1878, où ces conclusions ont été formulées par M. Lapworth, il fallait posséder une grande confiance et attendre un peu de bonheur, pour assigner ainsi l'exacte position des schistes de Birkhill, d'après leur faune presque exclusivement graptolitique. C'est l'inspiration du génie.

En effet, en 1878, on ne connaissait encore aucune espèce de Graptolite dans le Llandovery typique du pays de Galles central. Ce fait est constaté par M. Lapworth dans sa publication postérieure de 1880: *Geol. Distribut. of the Rhabdophora, p. 39*, sur laquelle nous lisons:

„*Wales.* Aucun Graptolite n'a été cité jusqu'à présent comme trouvé dans les couches incontestées du Llandovery, dans le Sud du pays de Galles. Personnellement, je n'ai pas été capable d'en trouver un fragment, dans mon rapide examen des localités typiques, durant l'été de l'année dernière.“

Cette absence des Graptolites dans la région typique de Llandovery a été mentionnée récemment par M. le Présid. Etheridge, dans son Discours anniversaire du 18 Février 1881, *p. 144*. Nous traduisons le passage le plus positif, relatif à ce sujet:

„Nous ne connaissons qu'un petit nombre ou aucune espèce de *(Hydrozoa)* Graptolites du Llandovery inférieur ou supérieur, dans le pays de Galles.“

Une heureuse circonstance est venue, presque subitement, combler en partie cette lacune et jeter une vive lumière sur ce sujet, en montrant la concordance des faunes graptolitiques de Birkhill et du Llandovery inférieur, dans la contrée typique.

Découverte des Graptolites dans le Llandovery inférieur, typique, du Cardigan, dans la partie centrale du Pays de Galles, par M. le Prof. Walter Keeping.

M. Lapworth, dans une note, au bas de la *p. 69*, dans sa Distribution des *Rhabdophora*, s'exprime comme il suit:

„Les *Rhabdophora* énumérés dans les 2 premières colonnes de ce tableau (VII) (intitulées ensemble, *Cardigan*), ont été déterminés par moi dans une collection de fossiles récemment recueillis dans les couches relativement non fossilifères du Cardiganshire (Llandovery inférieur des publications du Survey) par le Prof. Keeping, qui m'a généreusement permis de publier ici d'avance cette très importante découverte. Cette liste est en réalité très précieuse pour les savants, qui étudient les Graptolites; car aucun Rhabdophore n'a été cité jusqu'à présent comme provenant des couches non contestées du Llandovery, dans le pays de Galles."

Cette note confirme bien le passage de la *p. 39* de la même publication, que nous venons de reproduire.

Les Graptolites découverts par M. Keeping, dans le Llandovery inférieur de Cardigan et énumérés par M. Lapworth sur son tableau VII, *p. 69*, sont au nombre de 17. Depuis cette époque, M. le Prof. Walter Keeping a publié un mémoire intitulé: *Geology of Central Wales. — (Quart. Journ. Geol. Soc., Vol. XXXVII, p. 141 . . . &c . . . 1881.)*

Sur le tableau *p. 170* nous trouvons la liste des Graptolites recueillis par M. le Prof. Walter Keeping dans le Llandovery inférieur de Cardigan. Le nombre des espèces énumérées est de 22. Nous adopterons donc ce chiffre.

Parmi ces 22 formes, se trouvent les 6 espèces suivantes, qui existent toutes en Bohême, dans nos colonies.

1.	Rastrites	peregrinus	Barr.	4.	Monogr.	spiralis . .	Gein.
2.	**Monograptus**	Sedgwicki	Portl.	5.	Monogr.	turriculatus	Barr.
3.	M.	spinigerus	Nich.	6.	**Diplograptus**	palmeus .	Barr.

Nous avons déjà présenté la liste des mêmes espèces, sur notre tableau qui précède, p. 25, afin qu'on puisse les comparer à nos espèces coloniales, qui se trouvent dans les schistes de Birkhill. Cette comparaison montre, que les espèces en question existent dans les schistes de Birkhill, comme dans ceux du Llandovery inférieur de Cardigan, y compris *Mon. spinigerus* Nich., qui n'a pas été énuméré par M. Lapworth.

En outre, le tableau cité de M. Keeping, *p. 170*, constate, que toutes les espèces, découvertes dans le Llandovery inférieur de Cardigan, au nombre de 22, se trouvent sans exception dans les schistes de Birkhill.

Ce fait constitue une éclatante confirmation de la détermination de l'horizon de Birkhill en 1878, par M. Lapworth. Nous lui offrons à ce sujet nos sincères félicitations.

Comme les schistes de Birkhill ont fourni 48 espèces de Graptolites, on voit qu'il reste encore dans cette faune 26 espèces, qui n'ont pas été découvertes dans les schistes du Llandovery inférieur de Cardigan.

D'après les lois habituelles de la diffusion horizontale des espèces, appartenant à une même faune, nous ne pouvons pas espérer et encore moins exiger, que ces 26 espèces se retrouvent dans les schistes de Cardigan, dans la partie centrale du pays de Galles, comme dans les schistes de Birkhill, en Ecosse. Mais on peut espérer, que le nombre des espèces identiques dans les deux contrées s'accroîtra par de nouvelles recherches.

Dans tous les cas, les 22 espèces, qui sont communes à ces 2 régions, nous semblent suffisantes, pour justifier l'assimilation des schistes de Birkhill, aux schistes de Llandovery inférieur de Cardigan.

Remarquons, que les 6 espèces coloniales de Bohême, qui se trouvent parmi les 22 formes du Llandovery inférieur, typique, de Cardigan, représentent parmi elles la proportion de $\frac{6}{22} = 0.27$. Cette proportion dépasse sensiblement celle de

0.21, qui exprime le rapport correspondant entre notre faune coloniale et celle de Birkhill.

Rappelant maintenant, que la faune du Llandovery inférieur représente *le membre le plus élevé de la formation de Bala*, c. à d. la faune seconde, d'après M. le Président Etheridge (voir ci-dessus p. 13), nous pouvons dire en toute sécurité :

Puisque les Graptolites coloniaux de la Bohême ont existé sur l'horizon de la faune seconde, dans les schistes de Birkhill, en Ecosse, et dans les schistes typiques du Llandovery inférieur, dans le pays de Galles, il n'y a aucune raison plausible pour prétendre, en principe, que ces mêmes espèces de Graptolites n'ont pas été contemporaines de la même faune seconde, en Bohême.

Groupe de Gala.

Nous présentons, dans le tableau qui suit, 3 listes des Graptolites du groupe de Gala, successivement publiées par M. Lapworth. Elles exposent les noms d'une série d'espèces, la plupart coloniales, de la Bohême.

Ces listes se rapportent aux années 1870 et 1880. Elles constatent donc l'état des connaissances de M. Lapworth à 2 époques, séparées par 10 années.

Les 3 colonnes au sommet de ce tableau donnent lieu aux observations suivantes :

1. Nous n'avons pas cru devoir reproduire les noms de toutes les espèces de Gala, qui se trouvent sur les tableaux correspondants de M. Lapworth. Elles sont au nombre de 26 sur son tableau, *p. 73, 1880*. Nous citons seulement les espèces de Bohême reconnues par ce savant.

Graptolites de Bohême dans le groupe de Gala — Ecosse.

1870. *Geol. Magaz., Vol. VII, p. 281.*	**1880.** *Geol. Distribution of the Rhabdophora, p. 41.*	**1880.** *Geol. Distribut. of the Rhabdophora, Tabl. VIII, p. 73.*
1. *Rastrites Linnaei* . Barr.	. . . .	. . . .
2. {Graptolites lobiferus M'Coy. / = Becki . . Barr.}	1. Monograptus Becki . . Barr.	1. Monograptus Becki . . Barr.
. . . .	2. *M.* *Barrandei* Suess.	2. *M.* *Barrandei* Suess?
3. Grapt. colonus . Barr.	. . . .	. . . .
. . . .	3. *M.* *Halli* . . Barr.	. . . .
4. Grapt. Nilssoni . Barr.	. . . .	. . . .
5. Grapt. priodon Bronn.	4. M. priodon Bronn.	3. M. priodon Bronn.
6. Grapt. Proteus . Barr.	. . . .	4. M. Proteus . Barr.
7. Grapt. Sedgwicki Portl.	5. M. Sedgwicki Portl.	5. M. Sedgwicki Portl.
. . . .	6. M. spiralis . Gein.	6. M. spiralis . Gein.
8. Grapt. turriculatus Barr.	7. M. turriculatus Barr.	7. M. turriculatus Barr.
. . . .	. . . .	8. Diplograptus folium . . His.
. . . .	8. Diplograptus palmeus . Barr.	9. D. palmeus . Barr.
9. Retiolites Geinitzianus Barr.	9. Retiolites Geinitzianus Barr.	10. Retiolites Geinitzianus Barr.

	Graptolites de Bohême dans les schistes de Tarannon, Conway. (North Wales.) **1880.** *Geol. Distrib. of the Rhabdophora, p. 39 et 73.*	**Graptolites de Bohême dans les dalles de Coniston (Flags) de Broughton.** **1880.** *Geol. Distribut. of the Rhabdophora, p. 49.*
	1. Monogr. Becki . . Barr.	1. Monograptus colonus . Barr.
	2. *M.* *Halli* . . Barr.	2. *M.* *Halli* . . Barr.
	3. M. priodon Bronn.	3. M. priodon Bronn.
	4. M. Sedgwicki Portl.	4. Retiolites Geinitzianus Barr.
	5. M. turriculatus Barr.	
	6. Diplogr. palmeus . Barr.	
	7. Retiol. Geinitzianus Barr.	

2. Ces espèces se divisent en 2 catégories:

a. Les espèces coloniales sont indiquées par les caractères ordinaires.

Nous répétons, que nous considérons comme espèces coloniales, celles qui ont été énumérées en 1870, dans notre *Défense des Colonies, IV*, p. 125. Nous ajoutons cependant les 2 espèces *Monograptus turriculatus* et *Retiolit. Geinitzianus*, qui existent réellement dans les colonies, mais qui n'ont pas été portées sur le tableau cité, en 1870.

b. Les espèces de notre bande **e 1,** qui ne se trouvent pas dans nos colonies, sont indiquées par les caractères italiques.

3. Sous le rapport de la concordance entre les 3 colonnes du tableau qui précède, il y aurait quelque chose à désirer. Nous concevons très bien, que les colonnes extrêmes, à gauche et à droite, ne concordent pas ensemble, parceque l'une constate les connaissances de M. Lapworth en 1870, et l'autre, en 1880. Mais, il nous est plus difficile de comprendre, pourquoi les 2 colonnes de 1880, empruntées aux *p. 41* et *73* de la même publication du savant Ecossais, présentent entre elles de notables différences, sans aucune justification.

4. Sur la *p. 41*, nous ne voyons que 9 Graptolites de la Bohême, tandisqu'il y en a 10 sur la *p. 73*.

Rastr. Linnaei, nommé sur la colonne à gauche, ne se trouve pas sur les 2 listes de 1880.

De même, *Grapt. colonus*, énuméré sur la colonne à gauche en 1870, et qui semblait d'abord très caractéristique de la série, a été supprimé en 1880, sur les 2 listes successives.

Par contraste, *Monograpt. Halli* est introduit sur la *p. 41*, tandisqu'il ne figure pas sur les 2 autres listes.

Grapt. Nilssoni, compté dans la liste de 1870, manque sur les 2 autres colonnes.

Grapt. Proteus, qui figure sur les 2 colonnes extrêmes, manque dans la colonne médiane.

Grapt. spiralis ne se trouve pas sur la colonne à gauche, tandisqu'il est énuméré sur les 2 autres colonnes.

Diplograptus palmeus, inconnu en 1870, est énuméré sur les 2 listes de 1880.

Diplograptus folium ne se trouve que sur la colonne à droite.

Nous n'attachons pas une grande importance aux différences, que nous signalons, et nous sommes disposé à croire, que chacune d'elles est en connexion avec un progrès dans les études de M. Ch. Lapworth.

5. En somme, d'après la liste placée à droite de notre tableau et qui est à la fois la plus récente et la plus complète, nous voyons que le groupe de Gala renferme, selon M. Lapworth, 10 de nos espèces, parmi lesquelles 9 ont apparu d'abord dans nos colonies. Ces 10 espèces ont coexisté plus tard dans la bande **e1**.

Il n'y a sur cette liste qu'une seule espèce non coloniale, *Monogr. Barrandei* Suess, peu importante, puisque son identité est exprimée avec doute par M. Lapworth.

6. Nous venons de constater que, sur le tableau de M. Lapworth *p. 73, 1880*, le nombre des espèces de Graptolites du groupe de Gala s'élève à 26, y compris les 10 espèces de la Bohême que nous venons de citer.

Ainsi, ces 10 espèces constituent la proportion $\frac{10}{26} = 0.38$ de la faune graptolitique de Gala.

Cette proportion dépasse notablement celle de 0.21, que nous venons de calculer comme indiquant la connexion entre notre faune coloniale et celle des schistes de Birkhill, ci-dessus p. 27.

D'après cette proportion 0.38, en faisant abstraction de l'apparition coloniale en Bohême, on pourrait admettre, que le groupe des Graptolites de Gala représente plausiblement le groupe des Graptolites de notre bande **e 1**; ce qui ne signifie pas à nos yeux, que ces 2 groupes ont été absolument contemporains.

Notre bande **e 1** possède en outre une faune relativement riche en Céphalopodes, Gastéropodes . . *&* . ., dont nous ne voyons aucune trace dans le groupe de Gala. Cette circonstance mérite l'attention des savants. Nous croyons inutile en ce moment d'insister sur cette différence.

Horizon assigné par M. Lapworth au groupe de Gala, dans la série systématique silurienne, en Angleterre.

La question très importante de cet horizon a été successivement résolue par M. Lapworth de 2 manières très différentes.

En 1870, après avoir étudié avec beaucoup de soin, les apparences stratigraphiques du groupe de Gala et la nature des principaux éléments paléontologiques de sa faune, le savant Ecossais formulait, comme il suit, les résultats de ses recherches:

„En considérant tous ces faits, je suis d'opinion que:

1. le groupe de Gala constitue une subdivision bien marquée et continue du silurien inférieur, en Ecosse.

2. Il est immédiatement supérieur aux schistes de Moffat, dans la série de ce silurien inférieur.

3. En vertu de cette position et de sa faune particulière, il est démontré qu'il représente une partie de la formation de Caradoc de la *Siluria.*" *(Geol. Magaz., Vol. VII, p. 284, 1870.)*

On doit remarquer que, sur la page précédente *(283)*, M. Lapworth soutient cette opinion, contrairement à celle du *Geol. Survey* d'Angleterre et du Prof. Sedgwick.

En 1880, sur les *p. 41* et *72* de sa *Distribution géologique des Rhabdophora*, M. Lapworth n'assimile plus l'horizon de Gala à celui de Caradoc ou Bala.

D'abord, sur la *p. 41*, sans faire aucune allusion à l'opinion formulée dans son mémoire de 1870 et que nous venons de traduire, il se borne à dire:

„Les couches de Birkhill sont recouvertes par une vaste série de quartzites, de dalles *(grits, flagstones,)* et de schistes, que j'ai nommée groupe de Gala. A ce groupe appartiennent aussi les roches de Hawick, qui sont distinctement inférieures aux couches de Riccarton, ou Wenlock de Kirkcudbright et de Roxburgh."

Cette explication, qui demanderait un peu plus de clarté, est nettement éclaircie par le titre que nous lisons sur la *p. 72* de la même publication, savoir:

Gala ou groupe de Tarannon.

A la suite de ce titre, M. Lapworth considère le groupe de Gala comme un groupe de transition, dont les couches inférieures passent graduellement par leur faune dans les couches de Birkhill, tandisque ses zones supérieures passent insensiblement vers le haut dans les Riccarton Flags, qui sont, dans le Midi de l'Ecosse, les équivalents des couches de Wenlock de la *Siluria*. Puis il ajoute:

„Cela paraît aussi être le caractère zoologique général des schistes de Tarannon, dans le pays de Galles et le Nord de l'Angleterre. Ces schistes occupent, dans la série systématique, la place du groupe de Gala, auquel cependant ils sont grandement inférieurs en puissance verticale, comme en richesse et en variété de leur faune graptolitique.

Heureusement, pour définir la faune des couches de Tarannon, M. Lapworth présente les documents suivants, sur la *p. 39* de la même publication:

„J'ai découvert des *Rhabdophora* en abondance, dans les schistes dits de Tarannon, dans le voisinage de Conway, North Wales, sur les escarpements vis-à-vis le vieux château pittoresque.“

La liste de M. Lapworth, *p. 39*, renferme 11 espèces, parmi lesquelles nous reconnaissons 7 de nos Graptolites de Bohême. Pour faciliter les comparaisons, nous avons énuméré ces espèces sur le même tableau que celles de Gala, ci-dessus p. 32.

Nous reproduisons ici les noms des espèces de la Bohême. Toutes appartiennent à notre bande **e1** et toutes, excepté *Monogr. Halli*, sont coloniales.

1. **Monograptus** Becki . . Barr.		6. **Diplograptus** palmeus . . Barr.
2. *M.* *Halli* . . Barr.		7. Retiolites Geinitzianus Barr.
3. M. priodon . Bronn.		
4. M. Sedgwicki · Portl.		
5. M. turriculatus Barr.		

En comparant ces 7 espèces des schistes de Tarannon, avec la liste la plus récente de M. Lapworth, sur la colonne à droite de notre tableau p. 32, on reconnaît que toutes, à l'exception de *Monogr. Halli*, se retrouvent identiquement en Ecosse, dans le groupe de Gala. Les unes et les autres ayant été découvertes et déterminées par M. Lapworth, nous ne pouvons avoir aucun doute sur le verdict de ce savant.

Ainsi, les groupes graptolitiques identiques de Gala et de Tarannon justifient l'assimilation de ces 2 groupes par M. Lapworth, dans la série systématique.

En prenant pour base ce fait bien établi, nous dirons:

Puisque le groupe de Gala représente en Ecosse les schistes de Tarannon de la contrée typique, dans le pays de Galles, il nous reste à constater, d'après les autorités prédominantes, la position de ces schistes dans la série. Nous rencontrons à ce sujet des opinions, qui ne sont pas absolument identiques. Nous les citons suivant l'ordre historique.

1. Dans la *Siluria*, *3rd edition*, *1867*, nous lisons sur les *p. 102—103*, qu'après une récente révision d'une grande région du pays de Galles par M. Aveline, sous la direction du Prof. Ramsay, Murchison déclare, que les schistes de Tarannon occupent une position intermédiaire dans le système silurien et établissent une connexion entre les roches du silurien inférieur et celles du silurien supérieur.

Aujourd'hui, les recherches paléontologiques, exposées magistralement par M. le Présid. Etheridge, dans son Discours anniversaire du 18 Février 1881, excluent la position intermédiaire ou de transition, admise par Murchison pour les schistes de Tarannon, entre les deux divisions supérieure et inférieure du système silurien.

En effet, après la discussion de la faune, qui caractérise le groupe de Wenlock, sur les *p. 158 à 168*, M. le Présid. Etheridge résume ses recherches sur le tableau XIII, *p. 169.*

Ce tableau nous montre les *Tarannon Beds* constituant la base intégrante, ou la plus ancienne formation du groupe de Wenlock.

Les membres de ce groupe sont disposés sur ce tableau, suivant l'ordre de superposition qui suit:

Wenlock	beds. . . .	**Sommet du groupe.**
Woolhope	beds.	
Denbigshire	Grits.	
Tarannon	beds. . . .	**Base du groupe.**

Nous devons comprendre, comme nous l'avons déjà fait remarquer, que ces documents sont les résultats des recherches successives du *Geol. Survey* d'Angleterre, dont M. Etheridge doit être considéré comme le digne interprète. Il résulte de ces documents, que les schistes de Tarannon font partie constituante du silurien supérieur de Murchison.

En d'autres termes, selon notre nomenclature, les espèces des schistes de Tarannon appartiennent à la faune troisième, silurienne.

Dans tous les cas, remarquons que les schistes de Tarannon, dans la contrée typique de la *Siluria*, sont séparés du Llandovery inférieur par l'interposition du Llandovery supérieur.

Il y a donc une différence notable, entre l'âge représenté par les schistes de Tarannon ou le groupe de Gala, et l'âge du Llandovery inférieur.

Nous allons invoquer ces faits dans les confrontations qui vont suivre, entre les groupes graptolitiques d'Ecosse et d'Angleterre, qui appartiennent aux grandes faunes, seconde et troisième, siluriennes.

Section D.

Confrontation des groupes graptolitiques successifs, dans la faune seconde et dans la faune troisième, en Ecosse et en Angleterre.

Après avoir constaté, que des groupes d'espèces coloniales de Bohême se retrouvent aussi bien en Angleterre qu'en Ecosse, sur des horizons espacés dans la série verticale silurienne, il nous reste à faire ressortir un fait, jusqu'ici très négligé par M. Lapworth, mais très important, savoir que :

Le même groupe des espèces coloniales de Bohême fait sa première apparition en Ecosse et en Angleterre, dans la faune seconde, et il reparaît dans la faune troisième de chacune de ces contrées.

Cette apparition et cette réapparition constituent une remarquable analogie avec le phénomène d'apparition des mêmes Graptolites dans nos colonies et leur réapparition dans notre bande **e1**, première phase de notre faune troisième.

Pour mettre ce fait en lumière, nous allons confronter 2 à 2 les groupes graptolitiques, que nous venons d'étudier séparément.

Nous présenterons 3 exemples analogues, qui nous sont fournis par des régions géographiquement espacées et qui contrastent entre elles par une notable diversité dans le développement et la composition de leur faune silurienne.

Chacun de ces exemples se compose d'un groupe graptolitique antérieur, appartenant à l'une des dernières phases de la faune seconde, et d'un groupe graptolitique postérieur, appartenant à l'une des premières phases de la faune troisième. Voici l'ordre de notre étude :

I.	Groupe de Gala . . Schistes de Birkhill .	Ecosse.
II.	Schistes de Tarannon Llandovery inférieur .	Pays de Galles.
III.	Coniston-Flags . . . Coniston-Mudstones .	Contrée des Lacs. (Angleterre.)

Dans chacun de ces couples, nous commencerons par le groupe inférieur, c. à d. le plus ancien.

Observation relative aux travaux de M. le Prof. H. Alleyne Nicholson.

Avant d'entrer en matière, nous devons présenter une observation importante.

Aucun géologue n'ignore, que M. le Prof Henry Alleyne Nicholson a été le principal promoteur de l'étude spéciale des

Graptolites, en Angleterre et en Ecosse. Il a enrichi la science de nombreuses publications sur cette famille et nous les avons étudiées avec un notable profit pour notre instruction.

Il semblerait donc naturel d'invoquer son témoignage et son autorité, dans la discussion des faits, qui va suivre. Cependant, comme notre seul but est de démontrer l'erreur commise par M. Lapworth, en voulant appliquer à la Bohême, sa théorie chronologique par les Graptolites, nous croyons plus convenable de n'invoquer que les faits, qu'il a lui-même reconnus, dans ses ouvrages récents.

Nous ferons donc abstraction des observations de M. le Prof. Nicholson, qui d'ailleurs, ne sont pas toujours en parfaite concordance avec celles de M. Lapworth.

Mais, nous ne laisserons pas passer cette occasion sans rendre hommage à la haute loyauté avec laquelle M. le Prof. Nicholson a reconnu, qu'il s'était trompé, en pensant que, contrairement à notre classification, notre étage **E** devrait être incorporé à notre étage **D**. (Comparer les publications de ce savant intitulées: *On the Graptolites of the Coniston-Flags (Quart. Journ., 1868, p. 543)* et: *Migrations of the Graptolites (Quart. Journ. Geol. Soc., 1872, p. 230.)*

Nous constatons aussi que, dans plusieurs de ses publications, M. Nicholson signale diverses espèces de Graptolites, qui passent des Coniston Mudstones, représentant Caradoc, dans le groupe de Gala, appartenant à la division silurienne supérieure.

Enfin, nous rappelons que, sur la *p. 230* de son mémoire intitulé: *Migrations of the Graptolites, 1872*, le même savant énumère 14 espèces existant dans les étages **D—E**, de Bohême et qu'il considère comme dérivées par migration des *Coniston Mudstones* du Nord de l'Angleterre, c. à d. de l'étage de Caradoc, ou, selon notre nomenclature, de la faune seconde. Ce témoignage suffirait pour justifier les assertions de notre liste de 1870, dans notre *Défense des Colonies, IV*, p. 131. Parmi les 14 espèces de Bohême, citées par M. Nicholson, sont comprises les 7 qui composent cette liste, à l'exception de *Grapt. Roemeri.*

Revenons au sujet principal de la présente étude.

I. Confrontation des faunes graptolitiques des schistes de Birkhill et du groupe de Gala, en Ecosse.

Les observations qui suivent sont fondées sur les tableaux de M. Lapworth, déjà cités, savoir :

Pour les Schistes de Birkhill, tableau N° VII, p. 69—70 Pour le Groupe de Gala, tableau N° VIII, p. 73 .	*Geological Distribution of the Rhabdophora 1880.*

1. Remarquons d'abord la grande différence numérique, qui existe entre les faunes graptolitiques de Birkhill et de Gala.

Birkhill a présenté ensemble . . 48 espèces de *Rhabdophora.*
Le groupe de Gala en fournit . 26 . . . .
Différence en plus dans Birkhill . 22 espèces.

2. Comparons Gala et Birkhill, sous le rapport de leurs connexions spécifiques.

D'après les tableaux cités, il existe entre ces 2 horizons 16 espèces communes.

Par conséquent, le groupe de Gala se compose de :

Espèces propres à Gala	10
Espèces communes avec Birkhill . .	16
Ensemble :	26

La faune de Birkhill se compose de:

Espèces propres à Birkhill 32
Espèces communes avec Gala . . . 16
Ensemble: 48.

Si l'on réunit les espèces exclusivement propres à chacun des 2 groupes:

pour Gala . . 10
pour Birkhill . 32
Ensemble: 42

ces 42 espèces constituent la différence totale, très prononcée, que nous venons de mentionner entre les 2 groupes.

Cette différence se conçoit bien, puisque chacun de ces groupes occupe une place différente dans la série verticale silurienne, savoir:

Les schistes de Birkhill représentent le Llandovery inférieur, ou la faune seconde.

Le groupe de Gala représente les couches de Tarannon, c. à d. la première phase de la faune troisième, dans la contrée typique, en Angleterre.

3. Les connexions entre les 2 groupes consistent dans 16 espèces communes, faciles à reconnaître sur les tableaux de M. Lapworth, que nous venons de citer.

Ce nombre se compose de:

Espèces coloniales de la Bohême 7
Espèces propres aux 2 groupes Ecossais 9
ensemble 16.

Ces 16 espèces représentent les proportions suivantes, dans chacun des groupes comparés:

dans la faune de Gala $\frac{16}{26} = 0.615$

dans la faune de Birkhill $\frac{16}{48} = 0.333$.

Ces 2 proportions sont très inégales, mais la plus faible 0.33 est encore considérable. L'une et l'autre sont remarquables, surtout la première, parcequ'elles sont bien supérieures à celles qui expriment habituellement les connexions entre 2 faunes partielles, consécutives, dans la série systématique.

4. Il résulte de ces documents que, malgré l'indépendance très prononcée, qui existe entre les faunes graptolitiques de Birkhill et de Gala, les connexions spécifiques, qui les unissent, dépassent la mesure ordinaire.

Remarquons que les localités de Birkhill et de Gala sont géographiquement peu éloignées l'une de l'autre dans le Midi de l'Ecosse.

Ce phénomène d'apparition et de réapparition reproduit donc identiquement celui que nous signalons depuis si longues années entre nos colonies de Bohême, contemporaines de notre faune seconde, et notre bande **e 1,** à la base de notre faune troisième.

Si l'on ajoute foi aux documents, que nous venons de présenter, sous la garantie de M. Ch. Lapworth, nous ne voyons pas pourquoi on considèrerait comme inadmissibles en Bohême les réapparitions d'espèces graptolitiques, qui semblent très naturelles en Ecosse.

Nous allons constater l'existence du même phénomène dans la région typique du pays de Galles, dans des proportions moins larges, quoique très distinctes.

Mais auparavant, nous appellerons l'attention de nos lecteurs sur ce fait remarquable que, parmi les 16 espèces de Graptolites, qui se propagent verticalement, du groupe de Birkhill dans le groupe de Gala, en Ecosse, il y en a 7 qui appartiennent à nos colonies et à notre bande **e1,** en Bohême. Elles remplissent, par conséquent, le même office de lien commun, dans les 2 contrées comparées. Leurs noms sont indiqués sur nos tableaux, p. 25—32, et nous les reproduisons ici :

Monograpt.	Becki	Barr.	Monograpt.	turriculatus	Barr.
M.	Proteus	Barr.	Diplograpt.	folium	His.
M.	Sedgwicki	Portl.	Dipl.	palmeus	Barr.
M.	spiralis	Gein.			

II. Confrontation des faunes graptolitiques du groupe de Llandovery inférieur du Cardigan et des schistes de Tarannon, dans la contrée typique du pays de Galles.

Sur notre tableau, p. 25, nous avons énuméré, d'après M. Keeping, les Graptolites coloniaux, qui ont été reconnus dans les schistes du Llandovery inférieur du Cardigan, *Central Wales*. Le groupe du Llandovery supérieur n'a offert jusqu'à ce jour aucune? espèce de Graptolites, à notre connaissance.

Malheureusement, dans la même contrée du Cardigan, le groupe de Tarannon n'est représenté que par la série des *Plynlimmon grits*, qui n'a fourni jusqu'ici aucun fossile quelconque.

Par suite de cette circonstance, nous sommes obligé de recourir à la localité typique de Tarannon, près Conway, dans le Nord du pays de Galles, pour établir notre comparaison.

Nous avons déjà énuméré sur notre tableau, p. 32, les Graptolites coloniaux, qui ont été reconnus par M. Lapworth, dans les schistes de cette localité.

Nous regrettons que les localités du Cardiganshire, quoique explorées pendant 3 ans par M. le Prof. W. Keeping, nous fournissent des documents beaucoup moins complets que ceux d'Ecosse, qui précèdent.

1. Constatons d'abord la différence numérique des espèces, qui existe entre les groupes comparés.

D'après le tableau de M. le Prof. Keeping *(p. 170., Quart. Journ., Vol. XXXVII, 1881)* nous voyons, que le groupe de Llandovery inférieur dans le Cardigan, possède 22 espèces de *Rhabdophora.*

D'après le tableau VIII de M. Lapworth, *(Distribut. of the Rhabdophora, p. 73)* les schistes de Tarannon, près Conway, North Wales, ont présenté . . . . 12 espèces
Différence en plus dans Llandovery . 10 espèces.

Le nombre des espèces dans le Llandovery inférieur prédomine donc, comme en Ecosse, mais moins fortement.

2. Comparons ces 2 groupes sous le rapport de leurs connexions spécifiques.

D'après les tableaux cités, il existe entre ces 2 horizons 4 espèces communes, savoir:

Monograpt. Sedgwicki . Portl.	Diplograpt.	palmeus Barr.
M. turriculatus Barr.	Climacograpt.	normalis Lapw.

Par conséquent, le groupe de Llandovery inférieur de Cardigan se compose de:

espèces propres à ce groupe . . . 18
espèces communes avec Tarannon . 4
22.

La faune de Tarannon se compose de:

espèces propres à ce groupe . . . 8
espèces communes avec Llandovery 4
12.

Si l'on réunit les espèces propres à chacun des groupes:

pour Llandovery . . . . . 18 espèces
pour Tarannon . . . . . . 8 „
26

ces 26 espèces constituent la différence totale, qui existe entre les 2 faunes graptolitiques comparées.

Cette différence se conçoit bien, puisque chacun de ces groupes occupe un horizon très distinct, dont il constitue le type, dans la série classique silurienne, savoir:

Llandovery inférieur, dans la faune seconde.

Tarannon constituant la base de la faune troisième.

Mais on doit remarquer, que les recherches dans ces 2 groupes sont encore incomplètes, sans doute à cause des circonstances locales. Nous devons espérer, que chacune de ces faunes recevra prochainement un complément, qui la rapprochera de la faune graptolitique correspondante, en Ecosse.

3. Les connexions entre les 2 groupes consistent dans 4 espèces communes, que nous venons de rappeler.

Ces 4 espèces représentent les proportions suivantes:

dans la faune de Tarannon . . . . . $\frac{4}{12} = 0.33$
dans la faune de Llandovery inférieur . $\frac{4}{22} = 0.18$.

Ces 2 proportions sont inégales et relativement moins considérables que celles qui ont été calculées entre les faunes de Gala et de Birkhill, en Ecosse. Mais, nous venons d'indiquer la cause probable de cette différence, dérivant de l'état peu avancé des recherches, dans le pays de Galles.

Malgré cette circonstance, nous retrouvons dans les 2 contrées comparées le même phénomène des espèces, qui font leur première apparition dans la faune seconde et qui reparaissent dans la première phase de la faune troisième. C'est une nouvelle confirmation locale des observations primitivement faites en Bohême, sur la faune de nos colonies et celle de notre bande **e 1**.

Remarquons maintenant que, parmi les 4 espèces qui établissent les connexions entre les groupes de Llandovery inférieur et de Tarannon, il y a 3 espèces coloniales de la Bohême, énumérées sur notre tableau, ci-dessus p. 32, savoir:

Monogr. Sedgwicki . . Portl.	Diplogr. palmeus . . . Barr.
M. turriculatus . . Barr.	

Ces espèces se trouvent aussi parmi celles qui sont communes aux groupes de Birkhill et de Gala, en Ecosse.

En outre, le groupe typique de Llandovery inférieur renferme 3 autres espèces coloniales de Bohême, déjà citées sur notre tableau, p. 25, et qui ne reparaissent pas dans le groupe de Tarannon, d'après l'état actuel de nos connaissances. Ce sont:

Rastrites peregrinus	Monograptus spinigerus
	M. spiralis.

Les 6 espèces coloniales de Bohême, qui se trouvent dans le Llandovery inférieur, représentent dans sa faune graptolitique la proportion de $\frac{6}{22} = 0.27$.

Cette proportion est remarquable, à cause du petit nombre des identités, qui existent en général entre nos faunes et celles de l'Angleterre.

III. Confrontation des faunes graptolitiques des schistes de Coniston (**Mudstones**) près de Skellgill, représentant le Llandovery inférieur, et des dalles de Coniston (**Coniston Flags**) près de Broughton, représentant la base du groupe de Wenlock, dans la contrée des lacs, en Angleterre.

Nous croyons devoir appeler encore l'attention sur les groupes graptolitiques depuis longtemps connus de la contrée de Coniston, dans le Nord de l'Angleterre. Les dénominations locales, *Coniston Mudstones* pour le Llandovery inférieur et *Coniston Flags* pour la base du groupe de Wenlock, pourraient être aisément confondues, si nous avions employé l'expression ordinaire de *schiste*, en langue française. Pour ce motif, nous indiquons chaque horizon par le terme caractéristique, dans la langue anglaise.

Sur nos tableaux qui précèdent, p. 25 et p. 32, nous avons déjà énuméré tous les Graptolites de Bohême, qui se trouvent dans la contrée connue sous le nom de Coniston. Nous allons maintenant comparer les 2 faunes graptolitiques, superposées suivant l'ordre vertical, dans cette contrée, en faisant remarquer, que nous avons fait abstraction des zones locales, secondaires.

1. Sous le rapport numérique, d'après les documents fournis par M. Lapworth *(Distribut. of the Rhabdophora)*,

la formation des *Coniston Mudstones, p. 39—40* a présenté ensemble	27 espèces de *Rhabdophora*,
la formation des *Coniston Flags*, (Wenlock), *p. 19*, en a fourni	7 ,,
La différence en plus dans *Coniston Mudstones* (Llandovery) est de	20 espèces.

Le groupe graptolitique dans la faune seconde prédomine encore dans cette contrée, comme dans les 2 précédentes.

2. Sous le rapport des connexions spécifiques, nous constatons, qu'elles sont très peu nombreuses.

En effet, d'après les listes de M. Lapworth, il n'existerait entre ces 2 formations qu'une forme commune, qui se présente sous des apparences un peu différentes.

Parmi les Graptolites des Coniston Mudstones, *p. 40*, cette forme est indiquée comme rapprochée de *Monograptus Halli*

Barr., tandisque dans les Coniston Flags, *p. 49*, elle est simplement énumérée sous ce nom, sans observation.

D'après cette circonstance, les 2 faunes graptolitiques, successives dans cette contrée, se montrent beaucoup plus contrastantes entre elles que dans les autres contrées, que nous venons de passer en revue. Cette différence pourrait dériver, en partie, de l'état incomplet des recherches locales.

Cependant, la contrée de Coniston doit attirer notre attention par 2 faits importants, savoir:

a. Parmi les 7 espèces qui composent la faune graptolitique des Coniston Flags, groupe de Wenlock, il y en a 4 qui existent en Bohême:

Monogr.	priodon . .	Bronn.	Monogr. Halli . . . . Barr.
M.	colonus . .	Barr.	
Retiolites	Geinitzianus	Barr.	

Ces 4 espèces appartiennent à notre bande **e 1** Mais les 3 premières, sur la colonne à gauche, avaient auparavant existé dans nos colonies.

b. D'un autre côté, parmi les espèces des Coniston Mudstones, Groupe de Llandovery, il y en a 6, qui appartiennent à la Bohême. Nous les avons énumérées, ci-dessus p. 25. Une seule d'entre elles, *Mon. Halli*, ne se trouve pas dans nos colonies, tandisque les 5 autres sont des formes coloniales de Bohême, savoir:

Rastrites	peregrinus	Barr.	Monogr.	Sedgwicki .	Portl.
Monograpt.	lobiferus	M'Coy.	Mon.	spiralis . .	Gein.
	Becki .	Barr.	Diplograpt.	folium . . .	His.
Mon.	Halli, Var.	Barr.			

Ainsi, malgré le petit nombre des connexions spécifiques entre les faunes graptolitiques des Coniston Mudstones et des Coniston Flags, cette contrée nous montre encore les traces très reconnaissables de nos espèces coloniales de Graptolites.

Nous aurons l'occasion, ci-après, d'appeler l'attention sur les réapparitions extraordinaires d'un groupe d'espèces, non graptolitiques, qui distinguent la série des Coniston Flags, sur une hauteur de 6,000 à 7,000 pieds.

Conclusion de ces confrontations.

En somme, les 3 couples de groupes graptolitiques, que nous venons de passer en revue, s'accordent à nous montrer, sous des apparences un peu différentes, mais concordantes, qu'un groupe d'espèces coloniales a fait sa première apparition dans la faune seconde, en Ecosse et en Angleterre, et qu'il a reparu dans chaque contrée, vers l'origine de la faune troisième.

Cette apparition et cette réapparition peuvent être considérées comme représentant le même phénomène, que nous observons en Bohême, dans nos colonies et dans notre bande **e 1.**

Section E.

Harmonies et contrastes entre la Bohême, l'Angleterre et l'Ecosse, dans la représentation et la succession des faunes graptolitiques.

Harmonies.

1. Dans toutes les études, que nous avons publiées jusqu'à ce jour, nous avons fait ressortir la faiblesse numérique des connexions entre la région typique de l'Angleterre et notre bassin silurien de Bohême, par la présence d'espèces identiques. En effet, pour la plupart des classes ou ordres de fossiles, nous n'avons pu citer que quelques formes rares, qui nous semblent avoir existé dans les 2 contrées.

4*

Les Brachiopodes seulement nous ont montré des formes identiques, au nombre d'environ 29, d'après nos études publiées en 1879, p. 151, 4° et p. 238, 8°. Ce chiffre, comparé au nombre total 640 de nos espèces de cet ordre, représente la proportion de $\frac{29}{640} = 0.045$ pour nos espèces migrantes.

Aujourd'hui, cette exception doit être étendue aux Graptolites, qui l'ont beaucoup dépassée.

En effet, parmi environ 31 espèces de cette famille, dont nous avons déjà annoncé l'existence en Bohême, soit en 1850, dans nos *Graptolites*, soit en 1870, dans notre *Défense des Colonies, IV*, il y en a au moins 16, dont l'existence a été constatée par les savants anglais, dans les faunes d'Angleterre et d'Ecosse. La proportion des espèces migrantes serait donc pour nos Graptolites de $\frac{16}{31} = 0.52$.

Dans ce nombre 16, nous ne comprenons pas *Monogr. colonus* et *Climacogr. tectus*, dont l'existence en Angleterre et en Ecosse n'est pas suffisamment hors de doute.

Nous ajoutons, que ces connexions sont destinées à s'accroître notablement, lorsque nous publierons, dans notre *Défense des Colonies, VI*, la série complète de nos Graptolites, que d'autres travaux urgents ne nous ont pas permis de présenter jusqu'à ce jour.

Dans tous les cas, la proportion de 0.52, qui se manifeste dès aujourd'hui entre les espèces de Graptolites d'Angleterre, d'Ecosse et de Bohême, est bien digne d'attention par le contraste, qu'elle offre, par rapport à l'exiguité de la proportion correspondante pour les autres classes de fossiles, et dont le maximum est de 0.045.

2. Une seconde harmonie entre les bassins comparés consiste en ce que nos espèces de Graptolites se trouvent en Angleterre et en Ecosse, parmi celles qui présentent le double phénomène de première apparition vers le sommet de la faune seconde et de réapparition dans les premières phases de la faune troisième.

3. Ce phénomène d'apparition et de réapparition dans 2 grandes faunes successives, comprenant un nombre toujours notable d'espèces, n'est pas restreint à une localité privilégiée, dans les contrées comparées. Il se reproduit dans toutes les localités quelconques, où il existe des dépôts graptolitiques, vers la fin de la faune seconde et vers l'origine de la faune troisième.

4. Une circonstance très remarquable accompagne la première apparition des Graptolites migrants, dans les dernières phases de la faune seconde. Elle consiste en ce que les dépôts, qui offrent ces espèces, sont suivis dans la série verticale par d'autres dépôts, non graptolitiques, renfermant *Trinucleus* et autres Trilobites caractéristiques de la faune seconde, comme pour bien constater, que cette faune n'avait pas cessé d'être dominante. (Voir ci-dessus p. 18.)

En Bohême, ce dernier retour des *Trinucleus* et autres Trilobites du même âge se manifeste, de la manière la plus évidente, dans plusieurs de nos localités et notamment à Gross-Kuchel, au-dessus de la colonie Krejčí et à Ržepora, au-dessus de la colonie d'Archiac.

Remarquons que ces 2 localités sont placées sur les bords opposés de notre bassin, c. à d. sur les contours de notre bande **d 5**, vers le Sud-Est et vers le Nord-Ouest.

En Angleterre, on n'a pas encore découvert une localité, où cette superposition des *Trinucleus* aux Graptolites migrants puisse être immédiatement observée. Mais, le fait est admis implicitement dans la constitution de la série systématique silurienne, adoptée par la plus haute autorité stratigraphique d'Angleterre, c. à d. par le *Geological Survey.*

En effet, nous avons constaté ci-dessus p. 18, que M. le Présid. Etheridge, digne interprète de cette autorité officielle, nous enseigne, que le Llandovery supérieur renferme *Trinucleus concentricus* et 9 autres espèces de Trilobites de la faune seconde.

Si cette subdivision ne se voit pas en superposition immédiate au-dessus du Llandovery inférieur, qui renferme une riche faune de Graptolites, c'est parceque les dépôts graptolitiques largement développés dans le Cardiganshire, c. à d. dans la partie centrale du pays de Galles, ne se sont pas étendus horizontalement jusqu'aux collines de Malvern, de May-Hill et de Huntley, pour y être recouverts par le Llandovery supérieur. C'est un phénomène purement local, qui n'a pas empêché d'établir la succession verticale, admise aujourd'hui dans la série silurienne.

Il en résulte, il est vrai, une infériorité d'évidence, par rapport à la Bohême. Mais, la discordance, reconnue entre Llandovery inférieur et Llandovery supérieur, contribue à bien constater, que l'existence de *Trinucleus* et des autres Trilobites contemporains, dans Llandovery supérieur, fournit une dernière preuve de la persistance de la faune seconde, résistant à la perturbation matérielle, qui aurait pu mettre fin à son existence.

5. Une harmonie accessoire, mais digne d'être remarquée par les paléontologues, résulte de cette circonstance, que le *Trinucleus*, qui reparaît en Angleterre, au-dessus des Graptolites du Llandovery inférieur, est *Trinucleus concentricus*, c. à d. l'espèce la plus rapprochée de notre *Trinucl. Goldfussi*, qui caractérise les schistes, dont nous venons de parler, au-dessus de la colonie Krejčí, près Gross-Kuchel.

Au contraire, *Trinucl. Bucklandi*, caractéristique de notre bande **d 5**, ne reparaît pas sur cet horizon élevé, de même qu'en Angleterre la forme représentative, *Trinucl. seticornis*, caractéristique des horizons de Caradoc et de Llandovery inférieur, ne se propage pas au-dessus des Graptolites.

En Ecosse, il existe des dépôts assimilés au Llandovery inférieur d'Angleterre. Mais, nous n'avons pas connaissance de la découverte d'un *Trinucleus*, au-dessus de l'horizon des schistes de Birkhill, qui renferme la première apparition de nos

Graptolites coloniaux. Nous ne désespérons pas de voir réaliser cette harmonie.

Ces diverses considérations s'accordent à nous montrer des analogies prononcées ou harmonies entre les faunes, qui nous occupent dans les contrées comparées.

Contrastes.

Les contrastes, que nous avons à signaler entre les mêmes régions, sous le rapport de la distribution verticale des Graptolites, se présentent comme très graves en apparence, tandis qu'ils le sont très peu en réalité.

1. En Bohême, le nom de *Colonie*, que nous avons donné aux dépôts renfermant les premières apparitions de nos Graptolites migrants, accuse une étrangeté jusqu'ici sans exemple dans la science. Ces colonies sont matériellement bien caractérisées par leur intercalation et leur isolement dans les dépôts normaux, qui contiennent la faune seconde.

Rien de semblable ne s'observe en Angleterre. Mais, on peut concevoir, que cette différence pourrait être attribuée en partie à la circonstance, que nous venons de mentionner, savoir: la discordance stratigraphique, qui sépare les 2 groupes de Llandovery. Le trouble causé dans l'ordre de la sédimentation par cette perturbation mécanique, contribuerait à expliquer le contraste, que nous observons par rapport à la série verticale de la Bohême.

En effet, cette discordance suppose une lacune dans la série verticale, stratigraphique.

Mais, nous ne pouvons pas indiquer toutes les causes, qui peuvent avoir concouru à l'origine de ce contraste.

2. Le second contraste consiste en ce que, dans notre bassin, nous reconnaissons une répétition multiple du phénomène colonial, dans la hauteur verticale occupée par nos bandes

d 4—d 5. Mais, comme la seule colonie Zippe, qui est renfermée dans notre bande **d4**, ne présente aucune trace des Graptolites, le phénomène d'une série de colonies graptolitiques superposées est compris tout entier dans la masse de notre bande **d5**.

Cette répétition se composant au moins de 3 étages de colonies, il est tout naturel, que les géologues repoussent une semblable apparence stratigraphique, comme contraire à toutes les observations faites dans la grande série silurienne. Nous concevons très bien cette répulsion de la part des savants, qui n'ont pas suffisamment comparé les dépôts graptolitiques de Bohême avec ceux de l'Angleterre et de l'Ecosse. Nous allons suppléer à leurs méditations.

Angleterre.

En Angleterre, le groupe typique de Llandovery inférieur présente des dépôts graptolitiques d'une grande puissance.

Ainsi, dans la contrée du Cardigan, ce groupe, récemment étudié par M. le Prof. Walter Keeping, se compose de 2 formations, qu'il distingue sous les noms suivants, en leur attribuant une puissance absolue, qui s'élève à environ 3000 pieds, abstraction faite des plissements, savoir :

(p. 156), groupe des schistes métallifères	2000	pieds
(p. 152), Aberystwysth Grits (à la base)	1000	„
Ensemble :	3,000	pieds.

(Geology of Central Wales. — Quart. Journ. Geol. Soc. Vol. XXXVII, 1881.

D'après les circonstances locales, exposées par M. le Prof. Keeping, cette puissance pourrait être encore plus développée dans la réalité.

Reconnaissant le zèle et la sincérité de M. le Prof. Keeping, dans l'étude de la contrée centrale du pays de Galles, nous devons naturellement le prendre pour guide dans l'interprétation des faits relatifs à la distribution verticale des Graptolites.

Ce savant nous donne le spectacle très intéressant d'un combat, qui a lieu dans son esprit, entre sa foi vive dans la théorie graptolitique de M. Lapworth et sa loyale soumission à l'évidence encore plus puissante des superpositions stratigraphiques, bien constatées par ses observations personnelles.

Ainsi, sur la *p. 165* de son mémoire, M. Keeping admet qu'on doit avoir seulement confiance dans les restes organiques pour débrouiller le désordre, inextricable en apparence, des strates et établir leur véritable succession.

Mais, sur la *p. 167*, il essaie l'application de la théorie de M. Lapworth pour déterminer la succession stratigraphique, d'après les groupes des Graptolites. Par cet essai, il reconnaît, que les schistes métallifères devraient être placés au-dessous du groupe de Aberystwyth Grits, tandisqu'ils sont au-dessus, dans la réalité.

Ce résultat contre nature ébranle subitement la foi de M. le Prof. Keeping dans la théorie et le porte à s'exprimer loyalement dans les termes suivants:

„On voit cependant, que cet ordre ne s'accorde pas avec notre succession des grands groupes, bien établie et exposée dans les premières pages de ce mémoire; car il supposerait que nos schistes métallifères sont plus anciens que les quartzites *(grits)* d'Aberystwyth. Mais, malgré toute ma confiance générale dans les preuves fondées sur les fossiles, je considère que les documents paléontologiques sont ici insuffisants pour maintenir cet ordre contre la preuve stratigraphique très forte d'un ordre opposé."

D'après cette déclaration, bien confirmée par M. Keeping, dans le paragraphe suivant, nous sommes uniquement autorisé à reconnaître comme positive la succession qu'il a observée de divers groupes d'espèces graptolitiques, dans la série verticale du Llandovery inférieur de Cardigan. Ces groupes, dont nous comparons les espèces, sont la plupart réduits à un petit nombre de formes, qui reparaissent sur plusieurs horizons superposés, soit dans le groupe de Aberystwyth, soit dans celui des schistes métallifères placé au dessus.

Nous remarquons cependant que, suivant M. Keeping, une seule localité, nommée *Cwm Symlog*, réunit toutes ces espèces, excepté 4, et qu'en ajoutant la faune intimément alliée de *Morben Quarry*, on a toutes les espèces du Cardigan, excepté *Monogr. turriculatus*. Ces 2 localités sont dans le groupe des schistes métallifères, c. à d. dans la partie supérieure de la série.

D'après ces documents consciencieux, il nous serait bien difficile de reconnaître l'ordre frappant, qui devrait se manifester dans la succession des groupes, pour confirmer la théorie de M. Lapworth.

Au contraire, cette distribution verticale des Graptolites de Cardigan, avec la fréquente répétition des mêmes espèces dans la plus grande partie de la hauteur, et leur accumulation partielle sur quelques horizons, s'accorde bien avec la répartition des Graptolites dans nos colonies superposées. Nous ne pouvons pas méconnaître cette analogie, malgré quelques différences locales, naturelles et inévitables.

Mais, comment expliquer le contraste entre la masse continue, en apparence, des roches graptolitiques de Cardigan et la série intermittente de nos colonies en Bohême, alternant avec la faune seconde?

L'explication cherchée nous paraît très simple.

Concevons que, durant le dépôt de la masse graptolitique, composée d'Aberystwyth Grits et du groupe des schistes métallifères, le grand courant, qui amenait les éléments de ces couches, a été combattu et temporairement remplacé par un courant d'origine différente, entraînant des sédiments d'une autre nature et favorables à l'existence des espèces non graptolitiques de la faune seconde. Il en résultera une alternance pétrographique et paléontologique.

Les couches interposées par ce nouveau courant pourront renfermer les espèces de la faune seconde, qui caractérisent le Llandovery inférieur dans les contrées voisines et qui ont été exclues du Cardigan par l'influence délétère du courant graptolitique prédominant.

Nous pouvons supposer cette alternance plusieurs fois répétée, sans franchir la limite des analogies fondées sur des exemples dans la série géologique. Nous allons en rappeler un des plus remarquables, dans le Nord de l'Angleterre.

Par cette série d'alternances, nous retrouverons, dans la hauteur des 3000 pieds du Llandovery inférieur de Cardigan, une combinaison stratigraphique et paléontologique, qui reproduira celle de nos colonies, verticalement disposées par étages.

Nous rappelons, que nos colonies sont généralement réduites à une faible puissance. Rarement, elle dépasse 50 mètres et elle s'abaisse quelquefois jusqu'à 10 ou 12 mètres, comme dans la colonie Haidinger.

D'après cette circonstance, la masse graptolitique de Cardigan pourrait fournir, dans sa puissance de 3000 pieds, une belle série verticale d'enclaves, comparables à celles de notre bassin et séparées par des dépôts renfermant des espèces non graptolitiques de la faune seconde.

Cette transformation idéale ne viole aucune des lois naturelles, dont nous voyons l'application dans tous les bassins sédimentaires par l'alternance des dépôts, très différents par leur nature pétrographique comme par les éléments de leur faune.

Une semblable alternance peut donc être conçue comme possible dans la masse graptolitique de la contrée de Cardigan.

L'exemple des alternances plusieurs fois répétées, auquel nous venons de faire allusion, a été découvert dans la région des lacs, en Angleterre, par M. le Prof. M'c K. Hughes.

Nous avons rappelé ce fait dans notre publication : *Acéphalés*, p. 45 in 4° et p. 70 in 8°, 1881, dans les termes qui suivent :

„Sur la *p. 356* du *Geol. Magazine* publié le 1er Août 1867, *Vol. IV*, M. le Prof. Hughes expose la succession des puissants dépôts, qui composent les *Coniston Flags*, sur une hauteur de 6000 à 7000 pieds. Il constate 3 diverses apparitions très espacées de *Cardiola interrupta* dans cette masse, qui repose en discordance sur les couches représentant le silurien inférieur. Cette *Cardiola* est accompagnée de divers fossiles, dont plusieurs reparaissent aussi à divers niveaux superposés."

Parmi ces fossiles, nous ferons remarquer *Graptolit. ludensis = priodon* et une autre espèce non nommée.

Ce petit groupe composé de formes très diverses, outre les Graptolites, peut bien être comparé aux petits groupes des espèces graptolitiques, qui apparaissent successivement et irrégulièrement dans la hauteur des 3000 pieds du Llandovery inférieur, dans la région centrale du pays de Galles.

Il peut être aussi comparé aux groupes intercalaires, non graptolitiques, dont nous concevons l'existence possible dans la masse des schistes graptolitiques de cette contrée.

Ecosse.

Transportons-nous maintenant en Ecosse, dont les dépôts graptolitiques attirent les yeux de tous les savants, depuis l'illustration qu'ils ont reçue par les travaux de M. Lapworth.

Série de Moffat.

D'abord, la célèbre série de Moffat nous présente un phénomène, qui nous semble jusqu'ici unique dans la science. Cette série, que nous pouvons nommer graptolitique, bien que les couches, qui la composent, ne renferment pas toutes des Graptolites, constitue une masse continue, représentant presque toute la hauteur caractérisée par la faune seconde, dans la contrée typique, en Angleterre.

En effet, d'après le passage de M. Lapworth, que nous avons deja cité ci-dessus p. 27, il reconnaît dans cette hauteur:

à la base, les schistes de Glenkiln, comme l'équivalent de la division la plus élevée de la formation de Llandeilo;

au-dessus, les schistes de Hartfell, comme représentant la formation affaiblie de Bala ou Caradoc;

au sommet, les schistes de Birkhill, comme occupant la place du Llandovery inférieur.

Ainsi, durant presque toute la période de temps, qui correspond à la durée de la faune seconde en Angleterre, nous devons concevoir, qu'un courant déposant des sédiments impropres à la vie animale et permettant seulement l'existence intermittente des Graptolites et de quelques rares Phyllopodes, a envahi, sans interruption, toute la contrée occupée par la série de Moffat.

Cette persistance a exclu l'introduction et le développement local de la faune seconde, que nous connaissons dans la région typique de la Siluria, comme aussi dans la région des lacs, qui avoisine l'Ecosse.

La continuité des dépôts graptolitiques dans la contrée de Moffat, pendant presque toute la durée de la faune seconde, constitue un frappant contraste, par rapport à la Bohême.

En effet, nous rappelons que, dans notre bassin, les bandes inférieures et moyennes, **d 1—d 2—d 3—d 4** de notre étage **D**, présentent des traces très rares et isolées des Graptolites.

Au contraire, dans la bande culminante **d 5**, nous voyons apparaître des Graptolites très variés et très abondants, dans les schistes de nos colonies, qui reparaissent sur plusieurs horizons.

Mais, si nous concevons que, durant le dépôt des schistes de Hartfell, ou des schistes de Birkhill, des courants plus favorables à l'existence des Trilobites et autres types caractéristiques de la faune seconde, avaient temporairement prédominé dans la même région, nous verrions la série verticale composée d'alternances entièrement comparables à celles de notre bande **d5** et des colonies.

Cette explication est la simple reproduction de celle que nous venons d'exposer pour la série graptolitique du Llandovery inférieur, dans le Cardigan. Mais, la puissance de la série écossaise est beaucoup moins grande dans la contrée de Moffat.

En effet, sur la *p. 338*, M. Lapworth s'exprime ainsi:

«Ceux qui sont familiers avec les formations du Llandeilo supérieur, Bala et Llandovery inférieur du pays de Galles, où chacune d'elles est composée de plusieurs milliers de pieds de roches variées et caractérisées par une faune très diversifiée, peuvent objecter qu'il est très improbable que, dans l'intervalle géographique insignifiant, qui sépare la Siluria du Midi de l'Ecosse, ces formations ont tellement dégénéré que, dans cette dernière region, elles sont représentées seulement par 3 minces bandes de roche, chacune d'environ 100 pieds d'épaisseur, presque inséparables minéralogiquement et dépourvues de toute trace de leurs anciens habitants, excepté un petit nombre de Graptolites et de Phyllopodes."

M. Lapworth montre, que cette différence dans la puissance des dépôts est un phénomène local, qui n'empêche pas d'admettre leur correspondance. Nous partageons complètement son opinion, en cette occasion.

Nous ajoutons, que cette réduction de la puissance des dépôts graptolitiques dans la contrée de Moffat, doit beaucoup contribuer à nous faire concevoir la différence, qui existe entre cette région et la Bohême.

D'après ces observations, la série de Birkhill, couronnant les dépôts qui renferment les représentants graptolitiques de la faune seconde, en Ecose, peut être naturellement comparée aux colonies de notre bande **d 5**, qui occupent une position correspondante au sommet de la faune seconde, en Bohême.

Cette représentation réciproque, sous le rapport stratigraphique, est confirmée par la présence semblable d'une série d'espèces de Graptolites coloniaux de la Bohême dans les schistes de Birkhill.

La différence, qui existe entre la masse ininterrompue des schistes de Birkhill et la répétition de nos colonies dans le sens vertical, est un accident local, qui s'explique naturellement, comme nous venons de le montrer.

Groupe de Gala.

Il nous reste à jeter un coup d'oeil sur le groupe de Gala.

Ce groupe comparé avec la série de Moffat, dont nous venons de parler, offre à la fois une grande analogie avec elle et un grand contraste.

a. L'analogie consiste en ce que le groupe de Gala, comme la série de Moffat, est presque uniquement caractérisé par des Graptolites, qui jouent le rôle principal dans la faune. Les autres classes ou ordres de fossiles sont très faiblement représentés parmi eux et les formes caractéristiques de la faune troisième sont absentes, bien que le groupe de Gala, équivalent à celui de Tarannon, appartienne à la série qu'on nomme groupe de Wenlock, dans la contrée typique d'Angleterre.

b. Un contraste très prononcé se fait remarquer dans la puissance des 2 séries comparées.

En effet, M. Lapworth nous enseigne que, abstraction faite des plissements, le groupe de Gala, offre une puissance d'environ 9000 pieds. *(Geol. Magaz., Vol. VII, p. 205, 1870.)*

En ajoutant, selon le même savant, les schistes à Graptolites de Thornilee et de Grieston, superposés à la série de Gala, on obtient une épaisseur d'environ 10,000 pieds. Ce développement a été évalué presque au double par le Prof. Harkness.

En comparaison de ces 10,000 pieds, constituant un seul groupe, les 100 pieds d'épaisseur admis par M. Lapworth, pour chacune des 3 subdivisions de la série de Moffat, savoir: Glenkiln-Hartfell et Birkhill, paraissent bien insignifiants. *(Moffat Series, p. 339.)*

Ce contraste existant entre des dépôts graptolitiques, qui sont géographiquement peu espacés, s'explique en partie par cette considération, que la série de Moffat et le groupe de Gala représentent en Ecosse des époques différentes, durant les âges siluriens, c. à d. la période de la faune seconde et celle de la faune troisième.

Mais, il est important de remarquer que, malgré ce contraste, le groupe de Gala et les schistes de Birkhill, couronnant la série de Moffat, nous présentent une connexion paléontologique d'une grande valeur. Elle consiste dans l'apparition et la réapparition de 16 espèces de Graptolites, parmi lesquelles M. Lapworth a reconnu 7 espèces coloniales de Bohême, que nous avons exposées ci-dessus p. 42, en confrontant les faunes de ces 2 horizons.

En comparant le groupe de Gala à notre bande **e1**, la seule avec laquelle il offre une analogie prononcée, nous remarquons entre ces dépôts une harmonie et 2 contrastes.

L'harmonie consiste dans la présence d'un même groupe de Graptolites, composé de 10 espèces, que nous avons énumérées ci-dessus, d'après M. Lapworth, sur notre tableau p. 32, dans la colonne à droite.

Le premier contraste se présente en ce que la puissance du groupe de Gala s'élève à environ 3,300 mètres = 10,000 pieds, tandisque notre bande **e 1** n'offre qu'une épaisseur relativement très faible, si on considère les schistes à Graptolites renfermant sa faune. Cette épaisseur, réduite à 20 ou 30 mètres dans certaines localités, ne dépasserait pas 100 à 150 mètres sur d'autres points de notre bassin. Mais, ces schistes à Graptolites alternent, le plus souvent, avec des masses trappéennes, dont la puissance est très variable suivant les localités et qui peuvent au moins doubler ou tripler l'épaisseur due aux couches fossilifères.

Nous ne remarquons, dans les descriptions du groupe de Gala, aucune intercalation semblable de roches plutoniques.

Le second contraste, que nous signalons entre notre bande **e 1** et le groupe de Gala, se manifeste en ce que, dans notre subdivision de Bohême, nous connaissons, outre les Graptolites, une faune de Mollusques assez nombreuse, surtout par les Céphalopodes et les représentants des autres ordres de la même classe.

Cette circonstance contribue à appeler plus particulièrement notre attention sur la connexion établie entre les contrées comparées, par le groupe des Graptolites migrants.

Nous nous abstenons de discuter quel a été le point de départ de cette migration. Nous considérons la solution de cette question comme à peu près impossible, d'après nos connaissances actuelles.

En somme, les harmonies et les contrastes, entre le bassin silurien de la Bohême et les contrées les mieux explorées de l'Angleterre et de l'Ecosse, peuvent être reconnus par un seul coup d'oeil sur le tableau synoptique qui suit:

Harmonies et contrastes

que présentent l'apparition des Graptolites coloniaux, dans les dernières phases de la faune seconde, et leur réapparition dans les premières phases de la faune troisième silurienne.

	Bohême.	Angleterre.	Ecosse.	
Faune troisième.	**Réapparition** des espèces coloniales dans la **Bande e 1.** **Puissance moyenne:** 60 mètres.	**Réapparition** des espèces coloniales dans les **schistes de Tarannon.** **Puissance:** . 200 mètres. 600 pieds (B. Jukes, p. 467).	**Réapparition** des espèces coloniales dans le **Groupe de Gala.** **Puissance:** . . . 3,333 mètres. 10,000 pieds (Lapworth).	**Faune troisième.**
Faune seconde.	Horizon des derniers **Trinucleus** au-dessus des Colonies.	Horizon des derniers **Trinucleus** dans Llandovery supérieur.	**Trinucleus** inconnu sur cet horizon.	**Faune seconde.**
	Apparition des espèces coloniales dans les **Colonies** de la **Bande d 5.** **Puissance:** . . . 1,000? mètres.	**Apparition** des espèces coloniales dans **Llandovery inférieur (Cardigan).** **Puissance: environ** 1,000 mètres. 3,000 pieds (Keeping).	**Apparition** des espèces coloniales dans les **Schistes de Birkhill.** **Puissance: environ** 33 mètres. 100 pieds (Lapworth).	

Section F.

Résumé de cette publication.

Section A. En 1870, dans notre *Défense des Colonies, IV*, p. 130, nous avons admis, que diverses espèces coloniales de la Bohême se trouvent dans la faune seconde, en Angleterre. Ces espèces, au nombre de 12, sont énumérées sur notre tableau qui précède, p. 6, reproduisant celui que nous avons publié en 1870.

Ces 12 espèces se divisent en 2 catégories, savoir:

1ère Catégorie.

2 Trilobites	Cheirurus	insignis	Beyr.	Caradoc.
	= Cheir.	bimucronatus	Murch.	Caradoc.
	Sphaerexochus	mirus	Beyr.	Caradoc.
2 Brachiopodes	Atrypa	reticularis	Linné	Llandovery inférieur.
	Strophom. (Lept.)	euglypha	Dalm.	Llandovery inférieur.
1 Acéphalé	Cardiola	interrupta	Sow.	Coniston.
5				

2ème Catégorie.

7 Graptolites	Graptolithus	Becki	Barr.	Llandeilo.
	Grapt.	Nilssoni	Barr.	Llandeilo.
	Grapt.	priodon	Bronn.	Caradoc.
	Rastrites	peregrinus	Barr.	Llandeilo.
	Grapt.	Bohemicus	Barr.	Coniston.
	Grapt.	colonus	Barr.	Coniston.
	Grapt.	Roemeri	Barr.	Coniston.

Ensemble: 12 espèces.

L'horizon de Coniston est admis comme représentant celui de Caradoc = Bala.

Espèces de la première catégorie.

En ce qui concerne les 5 espèces de nature diverse, formant la première catégorie, une seule objection est faite par

M. John Marr, savoir: contre l'identité de *Sphaerexochus mirus* de Bohême et d'Angleterre. Il cite à cette occasion l'opinion de M. Tornqvist, que nous ne pouvons pas discuter, faute des documents nécessaires.

M. Marr s'abstient de toute observation sur les espèces de Graptolites, formant la deuxième catégorie.

Fondé sur l'unique objection relative à *Sphaerexochus mirus*, M. Marr conclut d'une manière générale, que les espèces en question n'appartiennent pas *au cambrien supérieur, mais au silurien.*

Ces dénominations stratigraphiques étant équivoques et devant induire en erreur la plupart des géologues, nous rétablissons la question dans les termes primitifs, en disant:

Il s'agit de savoir, si les 12 espèces citées dans notre *Défense des Colonies* se trouvent réellement dans la faune seconde, en Angleterre, ou seulement sur un horizon plus élevé, dans la faune troisième.

L'existence des 2 Trilobites sur l'horizon de Caradoc n'étant pas contestée par M. Marr, la question se réduit à savoir, si les 3 autres espèces, indiquées comme appartenant à Llandovery ou à Coniston, supposé = Bala, appartiennent à la faune seconde ou à la faune troisième.

Section B. Il s'agit donc uniquement d'établir la véritable position du Llandovery inférieur dans la série verticale. Dans ce but, nous invoquons les documents publiés par M. le Présid. Etheridge, dans son Discours anniversaire du 18 Février 1881.

Ces documents, de nature paléontologique, mais de source officielle, assignent à la subdivision de Llandovery inférieur une position incontestable, dans la hauteur occupée par la faune seconde. Ils sont comme condensés par M. Etheridge, dans les termes significatifs, que nous lisons sur la *p. 149* de son Discours.

„Le Llandovery inférieur, le membre le plus élevé de la formation de Bala, possède . . . & . . .“

D'après cette définition, émanant de l'autorité la plus compétente, les 2 espèces de Brachiopodes en question:

Atrypa reticularis — *Strophomena euglypha* appartiennent incontestablement à la faune seconde, en Angleterre.

Quant à l'espèce *Cardiola interrupta*, M. Etheridge constate, qu'elle se trouve sur l'horizon de Llandeilo, inférieur à celui de Caradoc, dans la série verticale et renfermant des phases plus anciennes de la faune seconde.

Ainsi, les 5 espèces en question se trouvent réellement en Angleterre dans la faune seconde, comme nous l'avons admis en 1870, dans notre *Déf. des Col. IV.* La question relative à *Sphaerexochus mirus* reste réservée.

Comme il est constant d'ailleurs, que ces mêmes espèces reparaissent sur divers horizons de la faune troisième, en Angleterre, indiqués ci-dessus p. 14, elles peuvent être invoquées comme constatant le fait de l'apparition dans la faune seconde et de la réapparition dans la faune troisième; fait, qui est en connexion intime avec le phénomène des colonies.

A cette occasion, nous sommes induit à exposer les considérations, qui nous semblent démontrer aujourd'hui, que la subdivision du Llandovery supérieur se rattache naturellement à la faune seconde, par ses éléments paléontologiques et notamment par la présence de *Trinucleus concentricus* et de 9 autres espèces de Trilobites, qui avaient préexisté dans le Llandovery inférieur et dans le Caradoc.

Ces considérations sont fondées sur les faits exposés par M. le Présid. Etheridge, dans le même discours anniversaire du 18 Février 1881.

Notre étude sur les 2 subdivisions de Llandovery nous conduit naturellement à signaler la double erreur, existant dans les classifications, opposées à la classification de Murchison.

Cette double erreur consiste en ce que:

1° le système nommé *Cambrien supérieur* à Cambridge et surnommé *Ordovicien* par M. Lapworth, est caractérisé par la faune seconde tronquée au sommet.

2° le système *(pseudo-) Silurien* de M. Lapworth, placé au-dessus, se compose de la faune troisième, traînant à sa base un lambeau hétérogène, enlevé à la faune seconde.

Tandisque, dans tous les pays, les savants s'efforcent d'établir la classification naturelle, géologique, en caractérisant chaque subdivision stratigraphique par un groupe paléontologique correspondant et aussi exclusif que possible, quelques dissidents Anglais donnent le mauvais exemple de confondre en partie les grandes unités zoologiques ou faunes générales, que la paléontologie a réussi à distinguer dans la série verticale silurienne, par un travail de plus de 40 ans.

Il est déplorable, qu'un des plus grands noms de la géologie, en Angleterre, soit invoqué pour couvrir cette double erreur.

Section C. *Espèces de la deuxième catégorie.*

Graptolites.

Les espèces de cette seconde catégorie se composent uniquement de 7 Graptolites. Sur la p. 21 qui précède, nous reproduisons leurs noms, en indiquant les sources, d'après lesquelles nous avons admis l'existence de chacune de ces espèces dans la faune seconde, en Angleterre.

Sur la p. 22, nous constatons les variations, qui ont eu lieu dans l'indication de l'horizon occupé par ces espèces, en Angleterre, d'après les publications des savants Anglais, depuis 1870.

Parmi ces 7 espèces, plusieurs ne se trouvent plus aujourd'hui dans la faune seconde. Mais, par compensation, les documents fournis par M. Ch. Lapworth nous enseignent, qu'en Ecosse comme en Angleterre, il existe un groupe d'espèces coloniales, qui ont fait leur première apparition dans la faune seconde et leur réapparition dans la faune troisième.

Pour bien établir les faits, nous présentons d'abord un exposé critique des documents publiés par M. Lapworth sur les schistes de Birkhill, qui représentent, en Ecosse, la subdivision du Llandovery inférieur en Angleterre.

Nous étudions ensuite les documents relatifs à la faune graptolitique du Llandovery inférieur typique, selon les découverts récentes de M. le Prof. W. Keeping, dans le comté de Cardigan.

Nous présentons ensuite une étude semblable sur le groupe de Gala, d'après les documents publiés par M. Lapworth.

Ce groupe étant admis par le savant Ecossais comme équivalent aux schistes de Tarannon en Angleterre, nous établissons par les documents les plus dignes de foi la position des schistes de Tarannon, à la base du groupe de Wenlock, c. à d. à l'origine de la faune troisième.

Section D. Pour faire ressortir l'apparition des Graptolites coloniaux dans les dernières phases de la faune seconde et leur réapparition dans les premières phases de la faune troisième, en Ecosse et en Angleterre, nous confrontons successivement les faunes de

I.	Groupe de Gala . . Schistes de Birkhill .	Ecosse.
II.	Schistes de Tarannon Llandovery inférieur .	Pays de Galles.
III.	Coniston Flags . . . Coniston Mudstones .	Contrée des Lacs. (Angleterre.)

Chacune de ces confrontations nous conduit à reconnaître le même phénomène d'apparition des Graptolites coloniaux dans les dernières phases de la faune seconde et leur réapparition dans les premières phases de la faune troisième.

Ce phénomène est identique avec celui qui se manifeste en Bohême, entre les colonies de notre bande **d 5** et notre bande **e 1.**

Section E. Sous le titre de: *Harmonies et contrastes entre la Bohême, l'Angleterre et l'Ecosse, dans la représentation et la succession des faunes graptolitiques,* nous présentons une série de faits, qui méritent l'attention et qui n'ont pas été jusqu'ici suffisamment appréciés.

Nous indiquons comme harmonies ou analogies:

1. la proportion considérable des Graptolites, qui sont identiques dans les 3 contrées comparées, tandisque les autres classes de fossiles ne présentent qu'une proportion minime d'identités spécifiques.

2. la présence semblable dans les 3 pays comparés des Graptolites coloniaux, vers la fin de la faune seconde et vers l'origine de la faune troisième.

3. la répétition du même phénomène dans les localités géographiquement espacées.

4. l'existence des derniers *Trinucleus* de la faune seconde, sur un horizon placé au-dessus de la première apparition des Graptolites coloniaux.

5. l'analogie très rapprochée, si ce n'est l'identité, entre les espèces, qui constituent cette dernière apparition des *Trinucleus*, savoir: *Trin. concentricus* en Angleterre et *Trin. Goldfussi*, en Bohême.

Les contrastes, qui se manifestent dans les régions comparées, sont principalement les suivants:

En Bohême, les colonies graptolitiques sont des enclaves isolées et intercalées dans les dépôts normaux, qui renferment la faune seconde.

En Angleterre, les dépôts qui contiennent les mêmes Graptolites, dans le Llandovery inférieur, ne sont point isolés.

Sans pouvoir indiquer toutes les causes de la différence entre les 2 contrées, on pourrait concevoir, que l'une d'elles se trouve dans la perturbation qui, en Angleterre, a causé une discordance entre le Llandovery inférieur et le Llandovery supérieur, tandisque nous n'observons rien de semblable dans la hauteur de notre bande **d 5**.

Cette perturbation suppose une lacune dans la série verticale, stratigraphique.

Le second contraste, qui semble le plus grave, consiste dans la répétition des colonies sur divers horizons superposés, tandisque l'Angleterre et l'Ecosse ne présentent que des masses de dépôts graptolitiques, sans apparences analogues.

Pour expliquer cette différence, nous concevons que, durant le dépôt des schistes graptolitiques de Cardigan, il y a eu interruption par un autre courant, d'origine différente et amenant d'autres sédiments plus propres à la vie animale, de sorte que les espèces des Mollusques et autres, qui caractérisent la faune seconde, dans les régions voisines, auraient pu s'établir temporairement à la place des Graptolites.

L'alternance répétée de ces courants entraînant celle des faunes, il en résulterait dans la contrée de Cardigan une apparence semblable à celle de nos colonies, alternant avec notre faune seconde.

La possibilité de ces alternances est bien démontrée en Angleterre, dans la région des lacs, où un groupe d'espèces de la faune troisième, découvert par M. le Prof. M. K. Hugues, reparaît 3 fois dans une hauteur verticale de 6.000 à 7.000 pieds.

Des considérations de même nature peuvent être appliquées en Ecosse à la série de Moffat, bien que sa puissance soit beaucoup moindre que celle du Llandovery inférieur.

Enfin, nous jetons un coup d'oeil sur le groupe de Gala, pour faire ressortir ses analogies et ses contrastes par rapport à la série de Moffat représentant la faune seconde et par rapport à notre bande **e1**, qui renferme la première phase de la faune troisième.

En somme, nous résumons les harmonies et les contrastes entre le bassin silurien de la Bohême et les contrées les mieux explorées de l'Angleterre et de l'Ecosse, en présentant sur un tableau synoptique les grands faits, qui constatent l'apparition des espèces coloniales dans les dernières phases de la faune seconde et leur réapparition dans les premières phases de la faune troisième, p. 66.

En signe de reconnaissance pour les documents de bon aloi, que nous devons à M. le Prof. Ch. Lapworth, nous illustrons l'une de nos nouvelles enclaves coloniales par le nom de *Colonie Lapworth.* Elle est accompagnée par une autre enclave semblable, sous le nom de *Colonie John Marr.* Voir la page qui suit.

Souvenir commémoratif de l'intervention de M. le Prof. Ch. Lapworth et de M. John Marr, dans la question des colonies.

Sur les pages qui précèdent, nous faisons ressortir, dans les faunes siluriennes seconde et troisième d'Angleterre et d'Ecosse, les faits singulièrement négligés par M. Lapworth et qui constatent les apparitions et les réapparitions des espèces coloniales de la Bohême, dans ces grandes faunes successives.

Pour établir ces faits, qui sont en connexion intime avec le phénomène des colonies, nous avons invoqué principalement les documents de bon aloi, qui ont été successivement publiés par le même savant, sur les Graptolites.

Ainsi, par ses belles études sur cette famille, M. Lapworth, au lieu de volatiliser *en un air subtil l'armée des preuves en faveur de la migration et des colonies*, a réellement contribué à augmenter son effectif et à confirmer sa consistance.

Paisible vétéran, à la tête de cette armée inoffensive et simplement conservatrice de la vérité, nous offrons au savant Ecossais l'expression de notre sincère reconnaissance pour les services signalés, qu'il a rendus en cette occasion, aussi bien à la science qu'à nos études personnelles.

Pour perpétuer le souvenir de son puissant concours, dans notre oeuvre laborieuse, nous voulons qu'une de nos colonies soit illustrée par le nom de *Charles Lapworth* et respectueusement accompagnée par une autre enclave semblable, placée à un niveau inférieur et portant le nom de *Colonie John Marr*.

Nous continuons ainsi à accomplir notre promesse, exprimée il y a aujourd'hui 20 ans :

Nemo indonatus abibit.

Virgile.

(Défense des Col. I, p. 34, 25 Novembre 1861.)

Nos réserves pour de semblables honneurs sont loin d'être épuisées. Elles ont échappé jusqu'à ce jour à l'attention de tous les explorateurs.

PRAGUE, 25 Novembre 1881.

J. Barrande.

Contenu approximatif de notre

Défense des Colonies VI,

en préparation.

Exposition graphique de la zone coloniale, dans le bassin silurien de la Bohême.

Documents nouveaux	Bande normale **e1**. . Colonie Ch. Lapworth. Colonie John Marr. .	formant une série verticale.

Autres colonies nouvelles.

Confirmation et complément de la description de nos anciennes Colonies.

Exposition des *Procédés John Marr*, pour extirper nos Colonies.

Discussion au sujet des Colonies siluriennes de la Bohême — Séance de la Société géologique de Londres, le 9 Juin 1880. — Réponse à chacun de nos adversaires.

Parallèle entre l'établissement de la série silurienne, en Angleterre, et l'établissement de la série silurienne, en Bohême, en réponse aux insinuations contre la valeur de nos observations stratigraphiques, dans notre Bassin.

www.ingramcontent.com/pod-product-compliance
Ingram Content Group UK Ltd.
Pitfield, Milton Keynes, MK11 3LW, UK
UKHW020333250726
13967UKWH00005B/2003

9 782013 061810